CB079018

SOBRE O ENSINO DA ANÁLISE SINTÁTICA: HISTÓRIA E REDIRECIONAMENTO

Série Língua e Ensino: Reflexões e Propostas

Comissão Editorial da Série:

Evanildo Bechara

Leonor Werneck dos Santos

Maria Aparecida Lino Pauliukonis

SÉRIE LÍNGUA E ENSINO
REFLEXÕES E PROPOSTAS

SOBRE O ENSINO DA ANÁLISE SINTÁTICA: HISTÓRIA E REDIRECIONAMENTO

CARLOS EDUARDO FALCÃO UCHÔA

© 2010, by Carlos Eduardo Falcão Uchôa
© 2010, by Editora Nova Fronteira Participações S.A.

Direitos de edição da obra em língua portuguesa no Brasil adquiridos pela Editora Nova Fronteira Participações S.A. Todos os direitos reservados. Nenhuma parte desta obra pode ser apropriada e estocada em sistema de banco de dados ou processo similar, em qualquer forma ou meio, seja eletrônico, de fotocópia, gravação etc., sem a permissão do detentor do copirraite.

Editora Nova Fronteira Participações S.A.
Rua Nova Jerusalém, 345 – Bonsucesso – 21042-235
Rio de Janeiro – RJ – Brasil
Tel.: (21)3882-8200 – Fax: (21)3882-8212/8313
http://www.novafronteira.com.br
e-mail: sac@novafronteira.com.br

CIP-BRASIL. CATALOGAÇÃO NA FONTE
SINDICATO NACIONAL DOS EDITORES DE LIVROS, RJ

U19s

Uchôa, Carlos Eduardo Falcão, 1936-
Sobre o ensino da análise sintática : história e redirecionamento / Carlos Eduardo Falcão Uchôa. - Rio de Janeiro: Nova Fronteira, 2010.
(Língua e ensino: reflexões e propostas)

Inclui bibliografia

ISBN 978-85-209-2432-7
1. Língua portuguesa - Sintaxe - Estudo e ensino. I. Título. II. Série.

CDD: 469.5
CDU: 811.134.3'367

Para minha saudosa mãe:
“a lembrança”, diz o poeta,
“é no amor a cadeia mais pura”.

AGRADECIMENTOS

A Othon Moacir Garcia, pelo muito que os professores de Língua Portuguesa lhe ficamos a dever, sobretudo pelas suas pioneiras e percucientes análises textuais.

A Almir Ahmed, um amigo, com quem, dialogando, em bons anos desta trajetória terrena, muito aprendi sobre a Vida, possibilitando tornar-me um ser humano mais lúcido para a leitura do mundo e do outro.

Com tudo isto, por certo, muito me
afastei de Ferdinand de Saussure;
cheguei até ao pólo oposto do Saussure
do saussurianismo "ortodoxo"; porém,
conforme creio, também cheguei a
isto em contacto permanente com
Saussure, e não sem Saussure e
muito menos contra Saussure.
(Coseriu)

Mas [...] nesse exercício escolar
puramente classificatório se
distancia o aspecto fundamental da
atividade de caráter gramatical que
consistiria em compreender os
diferentes processos pelos quais o
sujeito atua lingüisticamente.
(Carlos Franchi)

Portanto, incentivemos a pesquisa e
a produção intelectual, condições do
progresso do conhecimento, mas
restauremos o "ser docente", no
sentido ontológico e ético,
configurando profissionais que
queiram ser professores e não
se acanham disto.
(Antonio Candido)

SUMÁRIO

APRESENTAÇÃO

José Carlos de Azeredo
(UERJ/CNPq)

Conheci Carlos Eduardo Falcão Uchôa – o Prof. Uchôa – em 1966. Ao longo de todo o segundo semestre desse ano, ouvi suas aulas de Linguística Geral nos bancos da UFRJ, e colhi dessa experiência as primeiras razões – a que o tempo acrescentaria tantas outras – para admirá-lo como linguista, como professor, como educador e como pessoa. Portanto, não há como estimar o tamanho da alegria com que aceitei o convite para preencher este espaço em seu livro.

O título desta obra é direto e claro: ela oferece ao professor uma história sucinta da tradição descritiva da sintaxe do português com fins didáticos e uma reflexão sobre sua possível eficácia como instrumento do ensino da língua. O bom senso das observações e das sugestões impressas nestas páginas seguramente despertará em muitos leitores a previsível pergunta: "Como é que não pensei nisso antes?" ou "Por que não me disseram essas coisas há mais tempo?".

Carlos Eduardo Uchôa escolheu sete obras capitais, resumiu os pontos fundamentais de cada uma no tocante à sintaxe, comparou as análises, apontou convergências e divergências. Tudo no estilo elegante e claro de sempre, sua marca inconfundível nas aulas, nas conferências, nos ensaios. A construção do texto é pontuada pela cautela em não criar no leitor a expectativa de encontrar afinal a solução definitiva para velhos problemas. Não há qualquer dúvida, porém, de que esta obra oferece, pioneiramente, uma abordagem funcionalmente integradora de duas faces do tema: a evolução e variação dos enfoques e o ensino da descrição sintática em proveito da expansão qualitativa dos recursos verbais do estudante.

Eu poderia desdobrar esta apresentação mencionando pontos da obra em que o leitor encontrará um comentário a uma análise polêmica ou a sugestão de um encaminhamento mais lúcido para a exposição didática de algum tópico. Mas eles são muitos, e eu não quero antecipar o prazer de alguma descoberta. Irei por outro caminho, atendendo a um chamado da memória, para, em seguida, expor um juízo breve sobre a importância que atribuo ao ensino da descrição gramatical.

* * *

Era uma manhã de domingo, 2 de agosto de 2009. Eu lia uma crônica de João Ubaldo Ribeiro, no jornal *O Globo*, e fiquei intrigado com esta passagem: "E os beija-flores continuam beijando flores e assim mostrando que, sim, não há só flores que não se cheiram, há flores que se beijam."

Concentrei-me no trecho, em que ecoava uma certa frase feita, e fiquei imaginando que sentido o leitor brasileiro médio tende a atribuir a "não há só flores que não se cheiram, há flores que se beijam.". Não sendo reprodução exata da frase feita, a construção, no plural, autorizava outras leituras. Entrei na pele desse leitor e compus a cena imaginária em que dois pares de flores se comportavam diferentemente: vizinhas num jardim, um par evitava o contato, e até mesmo a aproximação, por pertencer a alguma das espécies referidas pelo cronista; outro par, porém, vivia aos beijos, no maior *love*. Tive o impulso de privilegiar essa leitura fantasiosamente poética e, de fato, "viajei", saboreando-a por alguns segundos. Mas eu sabia que não estava sendo fiel à minha condição de leitor que já tinha incorporado – a duras penas, é verdade – uma certa construção sintática estranha ao uso coloquial brasileiro. Botei os pés no chão e reli a passagem. João Ubaldo Ribeiro tinha empregado, no interior de uma "oração subordinada adjetiva", uma rara variante de "voz passiva pronominal", por meio da qual me dizia simplesmente que não há só flores que *não merecem ser cheiradas*, há flores que (sempre) *são beijadas*. Foi uma viagem curta, mas suficiente para eu me convencer de uma coisa: o conhecimento de duas possibilidades sintáticas tinha permitido que, embarcando aparentemente na mesma frase, eu percorresse dois territórios do sentido: um imaginário e outro real.

Alguns dirão que é possível fazer essa dupla leitura sem o domínio da terminologia gramatical. Eu não tenho a menor dúvida disso. A questão que se coloca aqui, porém, é outra: não se trata de privilegiar o reconhecimento dos fatos da língua e a respectiva nomenclatura (ou seja, fazer da análise um fim em si mesmo), mas de reafirmar, a contrapelo de uma corrente que não vê na análise gramatical qualquer benefício didático, o papel da reflexão sobre o funcionamento da língua como estratégia para o cultivo de uma atitude científica no processo pedagógico.

Com este trabalho, Carlos Eduardo Uchôa traça o contorno de um importante capítulo da história do ensino da língua no Brasil e reinscreve a questão da análise gramatical na pauta dos professores de português.

CONHECENDO A PROPOSTA

Este livro não é um novo manual de análise sintática, ainda que com uma proposta teórico-descritiva fundamentada em um ideário linguístico mais contemporâneo deste limiar de século.

Na verdade, é uma obra, destinada ao professorado de Português e aos alunos dos Cursos de Letras, sobre o ensino deste importante conteúdo das aulas do vernáculo, tão arraigado entre nós como parte essencial do conhecimento da sintaxe. Tal objeto de estudo e de ensino permanece, e com destaque, na maioria dos nossos manuais didáticos, dentro da linha de orientação fixada por uma longa tradição.

Em livro de 2007, *O ensino da gramática: caminhos e descaminhos*, que veio a receber, em 2008, o Prêmio Francisco Alves, da Academia Brasileira de Letras, tivemos, por limitação de espaço, de restringir nossas considerações sobre o ensino da análise sintática. De sorte que resolvemos desenvolver, em um outro texto, as nossas reflexões sobre este ponto específico da análise gramatical, como que concluindo o nosso pensamento, a nossa palavra de orientação, resultado de anos e anos de atividade docente e de contatos permanentes com professores dos graus fundamental e médio, sobre o ensino da gramática.

Esta obra aparece dividida em duas partes. Na primeira – *A análise sintática no ensino de Português: breve histórico* –, intentamos esboçar uma brevíssima história deste ensino entre nós, centrando-nos no exame de alguns compêndios voltados para tal conteúdo programático. A seleção destes compêndios obedeceu a um critério pessoal: foram escolhidos os que, em nosso juízo, contribuíram mais efetivamente para a formação e fixação de uma teoria de análise sintática em nosso universo escolar, ao longo do século passado. São obras, enfatize-se, que alcançaram várias edições, e muitas delas aparecem incluídas na bibliografia de trabalhos acadêmicos atuais.

Na segunda parte da obra – *A análise sintática no ensino de Português: redirecionamento* –, após uma crítica de como se processava e, ainda, em geral, se processa a prática de tal análise nas salas de aula, e situar o seu lugar no campo do estudo da linguagem, procuramos repensar em um redirecionamento linguístico-pedagógico que julgamos mais produtivo para o ensino deste tópico do estudo da sintaxe. Mais produtivo, porque leva o aluno a trabalhar com a linguagem, com a organização textual e com a produção de sentido, opondo-se, desta maneira, a uma orientação pedagógica, tão forte ainda em nossas escolas, caracterizada pela ênfase atribuída à metalinguagem, através, quase sempre, da simples memorização classificatória de funções sintáticas e de orações, identificadas por recursos formais e por palavras, num exercício, pois, que não conduz os estudantes a irem se conscientizando de como o agir linguístico livre e finalístico vai gerando sentidos, valendo-se de determinados arranjos textuais.

Dada a realidade do ensino da nossa língua pela imensidão deste país, preferimos trilhar o mundo conceitual ligado à tradição, ainda dominante em nossas escolas, mesmo porque o mau ensino da análise sintática não tem como causa maior a metalinguagem utilizada, mas sim como tal ensino é conduzido, a começar por valer-se da metalinguagem como um fim em si mesmo. Aqui, propomos valorizar a ideia, o entendimento do que está escrito, para, em seguida, focalizar os recursos formais utilizados como suporte, como expressão do que foi manifestado.

Apenas, no tópico final do livro, ao se tratar do valor do emprego da vírgula no ensino da análise sintática, é que fugimos da tradição, atribuindo a este sinal de pontuação uma função de maior relevo na prática do estudo dos períodos, acolhendo algumas das ideias de Véronique Dahlet, em seu livro *As (man) obras da pontuação: usos e significações* (2006).

Não tem, pois, este livro nem um intento sistematizador (não é manual de análise sintática), nem nele também se debatem controvérsias conceituais ou classificatórias, embora fique sempre clara a nossa posição ante a análise de certas construções, consideradas diferentemente pelos autores.

A obra de Othon M. Garcia, *Comunicação em prosa moderna: aprenda a escrever, aprendendo a pensar*, foi-nos de grande valia no tocante a um ensino de análise que parte da noção para a expressão (ou palavra). Nem sempre, contudo, pudemos seguir os caminhos abertos por este pioneiro da Linguística Textual entre nós (a primeira edição desta obra é de 1967).

O livro, como não poderia deixar de ser, é farto em exemplificação. Os textos que nele se sucedem são, ou da lavra do próprio autor, na ilustração de construções corriqueiras, ou de escritores contemporâneos, em sua quase totalidade, na ilustração de períodos mais complexos e no emprego da vírgula; neste último caso, sobretudo em estruturas semelhantes, em que a presença da vírgula pode ou não ocorrer, pois a intenção enunciativa de quem escreve não é, em princípio, a mesma, com sua ocorrência ou ausência. Exemplos esporádicos extraídos de jornais também aparecem.

Que as posições assumidas nesta obra possam contribuir para tornar o ensino da análise sintática entre nós mais produtivo, útil e, quem sabe, atraente para professores e alunos.

Agradeço à Professora Marina Coelho Moreira Cezar, pela leitura atentíssima desta obra, pelas suas valiosas ponderações, particularmente às concernentes à organização textual da segunda parte. À Professora Terezinha da Fonseca Passos Bittencourt, pelo exame meticuloso da versão inicial da primeira parte. À Professora Eliane Cunha, pelas suas observações a várias passagens do meu texto, e à Professora Lila Marcia Marques, pelas palavras de estímulo, durante o processo de elaboração deste livro.

PARTE I:
A análise sintática no ensino de Português: breve histórico

Nem tudo tinham os antigos, nem
tudo temos os modernos; com os
haveres de uns e outros é que se
enriquece o pecúlio comum.
(Machado de Assis)

1. UM ENSINO HEGEMÔNICO NAS AULAS DE PORTUGUÊS

A análise da frase em seus elementos constituintes, a tão mencionada análise sintática, *née* análise lógica, foi, certamente, o principal conteúdo das aulas de Língua Portuguesa no correr do século passado, a julgar por testemunhos de vários estudiosos e também pelas inúmeras obras publicadas sobre ela, algumas por autores de reconhecida competência na pesquisa e no magistério da língua. Embora, ao nosso juízo crítico atual, subjugada, nesta longa trajetória de ensino, a uma orientação tantas vezes inconsistente, não há como negar a importância que lhe tem sido atribuída, até hoje, na prática escolar.

Profissionais respeitáveis, em textos de diversas décadas, não deixaram de condenar o caráter prevalente, e mesmo improdutivo, da análise sintática no ensino idiomático. Eis apenas alguns depoimentos:

> o que se ensina por aí não é a língua, é a gramática, coisa muito diferente... [...] E têm (os meninos) que perdem tempo e fósforo, nas celebérrimas análises lógicas, a que os professores se entregam com sádico prazer, em sutilezas bizantinas e em torturas chinesas, excusadíssimas porque conheço muita gente que escreve bem sem saber análise e muita gente que sabe análise e não escreve aceitavelmente. (Amaral, 1939; apud Pinto, 1981: 417)

> O que deveria ser um instrumento de trabalho, um meio eficaz de aprendizagem, passou a ser um fim em si mesmo. Ora, ninguém estuda a língua só para saber o nome, quase sempre rebarbativo, de todos os componentes da frase. (Garcia, 1967: 5)

> Nessa área da sintaxe, o coroamento do ensino gramaticalista está na famigerada *análise lógica*. Nada adiantou chamá-la oficialmente de "análise sintática": continua um exercício logicizante, onde nada cabe da verdadeira linguagem vital, afetiva. Intermináveis discussões sobre diferenças entre complementos e adjuntos, orações restritivas e explicativas, explicativas e causais, e assim por diante. (Luft, 1985: 50)

> o predomínio [no ensino da língua, consultados os cadernos dos alunos] é de exercitação da "análise sintática": reconhecimento e classificação dos termos da oração e das orações no período. (Neves, 1990: 14)

Antes de se localizar a análise sintática no quadro do estudo da língua e de se procurar mostrar a sua utilidade no tocante ao ensino da produção e da compreensão textual, valorizando algumas atividades pedagógicas mais estimulantes ou instigadoras quanto às possibilidades de organização de períodos e de construção de sentidos e, em consequência, quanto a diferentes leituras possíveis, quis-se esboçar uma breve, dir-se-ia, brevíssima história do ensino da análise sintática entre nós, centrando-nos em algumas obras voltadas especificamente para tal ensino, com exceção de duas, a de Oiticica (1939) e a de Garcia (1967). A seleção destas obras obedeceu a um critério forçosamente pessoal: foram as que contribuíram para a nossa formação a respeito do estudo e do ensino deste conteúdo da sintaxe, em suma, as que conhecemos melhor, sem nenhum demérito, longe disso, em relação a tantas outras publicações de valor direcionadas ao mesmo tema. Ressalte-se que todas elas, de autores de projeção nacional, alcançaram várias edições e quase todas são ainda citadas em trabalhos acadêmicos.

Antes, contudo, dos comentários que serão feitos acerca das obras selecionadas, não poderíamos omitir a parte gramatical assinada por Fausto Barreto, "Noções elementares de sintaxe da proposição simples e da proposição composta", que vem a ser como que um capítulo introdutório da *Antologia Nacional*, organizada depois em colaboração com Carlos de Laet, um compêndio tradicional nas nossas escolas secundárias por muitos e muitos anos, até a década de 1960, cuja 1ª edição data de 1895. Na verdade, ela começou a sua longa existência pedagógica com o nome de *Seleção literária*, em 1887, sob a autoria de Fausto Barreto e Vicente de Souza. Neste estudo introdutório, Fausto Barreto traça os delineamentos gerais da análise sintática para fim escolar numa sucinta exposição, de nove páginas, que, na verdade, se tornou clássica.

Valendo-se de exemplos correntes, de sua autoria, Barreto reconhece, na proposição simples, cinco relações: a subjetiva, a predicativa, a atributiva, a objetiva (sem deixar de mencionar aqui a que chama de "objeto direto esporadicamente preposicional") e a adverbial. Em exemplos como "Eu estou rico" ou "Ela parece pobre", comenta que os adjetivos *rico* e *pobre* se referem ao sujeito, "completando a predicação do verbo", mas funcionando "não como atributos, mas como adjuntos predicados". E conclui: "O adjetivo predicativo exprime afirmação como *elemento componente do predicado verbal*" (grifamos). Observe-se que recentemente, entre nós, Bechara (1999: 426) defende "a não distinção entre o *predicado verbal e o nominal*, incluindo também a desnecessidade de distinguir o predicado verbo-nominal". "Toda relação predicativa que se estabelece na oração", afirma em continuação, "tem por núcleo um verbo".

Na análise da proposição composta, Barreto assinala que as relações entre elas são duas: a de coordenação e a de subordinação. Enquanto caracteriza ele a proposição composta por coordenação, recorrendo ao critério lógico-semântico, "quando duas ou mais proposições [são] de igual força significativa, ou da mesma categoria no pensamento", a proposição composta por subordinação é explicada "mediante relação *pura-*

mente gramatical", "não mediante relação lógica". Acrescenta, esclarecendo melhor, que uma proposição subordinada modifica a principal ou outra subordinada, para depois recorrer ao critério formal, quando assinala que as relações entre as proposições subordinadas e as subordinantes se exprimem por meio de conjunções de 2ª classe, ou subordinativas, e por meio de pronomes relativos. Quanto à natureza (valor correspondente a uma das três funções gramaticais) é que estabelece que as proposições subordinadas são substantivas, adjetivas ou adverbiais. Conforme tal classificação, a proposição subordinada poderá ser subjetiva, objetiva, atributiva ou adverbial, segundo o papel sintático exercido.

Chama ainda a atenção que Fausto Barreto considere a conjunção como "ligamento interproposicional" apenas, e a preposição como "ligamento intervocabular", de modo que, para ele, numa proposição como "dois e dois são quatro", há pela conjunção invasão da jurisdição preposicional". Não há, por fim, nestas "noções elementares" referência às orações chamadas reduzidas.

Com as ressalvas que podem ser feitas a uma ou outra posição adotada por Barreto, o certo é que, em qualquer incursão na história dos estudos de análise sintática entre nós, estas páginas da *Antologia Nacional* não podem deixar de ser referidas. (Câmara Jr., 2004: 236)

Merecerão, a seguir, comentários nossos os seguintes compêndios de análise sintática arrolados em ordem cronológica, a começar pelo *Método prático de análise lógica* (1920), de Antenor Nascentes, que traz em sua 16ª edição (1959), novo título: *Método prático de análise sintática*, com esta nota-prefácio:

> Havendo sido aprovada pelo Ministério da Educação e Cultura uma nomenclatura gramatical, o *Método prático de análise lógica* tem de ser posto de acordo com ela, desde o título.

Observe-se que, no ano de 1959, Nascentes publica ainda um pequeno livro, intitulado *Dificuldades de análise sintática*, pois, em suas palavras,

> Há na análise sintática muita minudência que não teria cabimento num manual que estudasse os fatos normais. Por isso, suprimi do *Método prático* algumas observações que me pareceram especializadas.

A seguir, o objeto da nossa atenção será o *Manual de análise* (léxica e sintática) de José Oiticica, cuja edição inicial é de 1939. Sucede a obra de Rocha Lima *Teoria da análise sintática* (1943); em continuação virão o *Novo manual de análise sintática* (1953), de Gladstone Chaves de Melo, as *Lições de português pela análise sintática* (1960), de Evanildo Bechara, as *Lições de análise sintática* (1961), de Adriano da Gama Kury, e, por fim, *Comunicação em prosa moderna: aprenda a escrever, aprendendo a pensar*, de 1967, de Othon Moacir Garcia.

Cada uma dessas obras vai merecer sucintas observações nossas, procurando ater-nos, no quadro da progressão dos estudos sobre o *período* em que se foram desenvolvendo no Brasil, no século passado, ao que de mais significativo se registrou na leitura desses manuais, por revelar como cada autor, ante fatos da língua, os classificava e os denominava em sua época.

Cremos ser ainda útil, neste capítulo inicial, esclarecer, embora resumidamente, sobre a frequente identificação, que se fazia, entre nós, até meados do século passado, da análise sintática com a análise lógica. Mattoso Câmara fala em análise lógica, em obra de 1961: 74-75: "Sua aplicação e finalidade" e "A análise lógica como fundamento do uso das vírgulas". Na verdade, a identificação, a falta de clareza na distinção dos objetivos de cada uma, é antiga. Sem querermos remontar aos gregos, pode-se dizer que a vertente do logicismo gramatical situada mais perto de nós é a da gramática filosófica, tendo-se tornado a mais célebre representante desta orientação de estudo a *Grammaire générale et raisonée*, publicada em 1660, por Arnault e Lancelot, mais conhecida como *Gramática de Port-Royal*, nome de um mosteiro, situado a sudeste de Paris, onde funcionou um centro de estudos. Foi, sem dúvida, esta *Gramática* que serviu de base para muitas gramáticas filosóficas, entre elas, a *Gramática filosófica da língua portuguesa*, de Jerônimo Soares Barbosa, publicada em Portugal, em 1822, em edição póstuma.

Partia-se, na gramática filosófica, da concepção que razão e linguagem estavam em uma relação inseparável, por isso, as distintas línguas se apresentavam como variedades de um tipo único e universal que respondia às exigências da lógica. Os teóricos de Port-Royal e seus continuadores dividiam a proposição em sujeito, cópula e atributo ("A Terra é redonda"). Toda proposição tinha de reduzir-se a esse modelo, que consideravam primário e universal (assim, *eu falo* equivalia a *eu sou falante*). A análise chamada lógica da oração consistia em adaptá-la para fazê-la entrar nos moldes pré-estabelecidos, buscando, para tal, equivalência, elipses e subentendidos, recursos que tiveram grande influência no nosso ensino do vernáculo até boa parte do século XX, como se irá explicitando em nossas observações sobre os compêndios que selecionamos para o nosso estudo.

Evidentemente que ficavam fora da análise lógica, pois a linguagem não é apenas expressão da razão, perguntas, suposições, valorizações, críticas, aplausos, pedidos, conselhos, advertências, proibições, ordens... "Quer me passar o livro?" não é um juízo, nem mesmo, no caso, uma indagação, mas um pedido ou uma ordem atenuada; "Vou te cobrar a dívida", tampouco é um juízo, mas uma ameaça. O racional, em suma, é apenas um segmento do humano, importante, sem dúvida, mas apenas um segmento. A enunciação de juízos (ato pelo qual o espírito afirma ou nega uma coisa de outra) é apenas uma ínfima parte do infinito mundo comunicativo. Nem mesmo o pensamento lógico abarca todas as formas de pensamento.

Assim, a análise lógica e a análise sintática são análises distintas. Esta vem a ser a análise linguística, a análise da expressão linguística como ela se apresenta em cada caso concreto em uma dada língua. Em "Os homens sonham" e "Os homens são sonhadores", temos expressões diversas, logo análises sintáticas distintas, não importando que comportem a mesma lógica. E não há como pensar que a oração primária e universal é a do verbo copulativo, quando há muitas línguas que não conhecem o verbo *ser*.

2. ANOTAÇÕES PARA UMA HISTÓRIA DO ENSINO DA ANÁLISE SINTÁTICA

2.1. *Método prático de análise lógica* de Antenor Nascentes

O primeiro livro, então, a ser focalizado é o *Método prático de análise lógica* (de 1920), de Nascentes. Valemo-nos de sua 16ª edição (de 1959), que reproduz essencialmente o texto da 1ª edição. Não se pode deixar de assinalar, de início, que Nascentes, sobre ser um dos nossos mais renomados filólogos, muito se dedicou à literatura didática, culminando com a publicação, em quatro volumes, de *O idioma nacional*, no correr ainda dos anos 1920, "que foi, durante muito tempo, o compêndio por onde estudaram gerações sucessivas de ginasianos em todo o Brasil, mas particularmente no Rio de Janeiro" (Elia, 1975: 139). A série mereceu uma reedição (a 3ª), em 1960, pela então prestigiada Livraria Acadêmica, "de acordo com a nomenclatura gramatical brasileira".

Método prático de análise lógica, o título já o esclarece, é uma exposição sucinta, de 73 páginas, de finalidade didática, que objetiva ser um guia de iniciação à análise dos períodos simples e compostos, não lhe faltando os exercícios de aplicação das explicações apresentadas. O autor submete o seu "Método", antes de ele ser publicado, "à profunda competência do nosso saudoso professor de português" (Fausto Barreto). Os exemplos dados, no estudo do período simples, são quase sempre do próprio autor, frases simples, recorrendo aos clássicos apenas para abonar uma ou outra construção mais inusitada ou controvertida, como nos casos, respectivamente, do emprego do *dele* (*a*) para evitar ambiguidades (p. 29) ou da concordância por atração de um advérbio, como o desta passagem camoniana, p. 30 ("... bem cuidou comprá-la mais barata"). Em casos, pois, de norma discutível, aos autores clássicos cabia sempre dar a palavra decisória.

Nascentes vale-se, para a caracterização das oito funções sintáticas que ele reconhece no período simples, a saber, sujeito, predicado, objeto, predicativo, complemento de causa eficiente, adjunto circunstancial, adjunto atributivo ("o sistema *protetor*") e adjunto limitativo ("*dois* copos"), do recurso pedagógico das perguntas: *Paulo chegou*. Quem chegou? *Paulo*; logo, *Paulo* é o sujeito da proposição. *Iracema quebrou a flecha*. Que coisa quebrou *Iracema*? *A flecha*; logo, *a flecha* é o objeto. Ou ainda, o modo de descobrir o adjunto circunstancial através das perguntas quando? onde? como?, etc. Para ele, o aposto é um adjunto atributivo representado por um substantivo, não regido de preposição, com função explicativa, vindo quase sempre entre vírgulas, como em "Iracema, *a virgem dos lábios de mel*, tinha negros os cabelos" (p. 25). Observa-se que, nos exemplos de verbo impessoal que exprime fenômeno, como *chover*, o autor apresenta a divergência de posição dos estudiosos de então:

> "Tem-se dado para sujeito de tais verbos um pronome *ele*, *Deus*, *a natureza*, *o céu*, etc. e há até quem admita que eles não teem sujeito" (p. 10).

Ainda no tocante ao sujeito, não distingue sujeito indeterminado de sujeito indefinido (p. 10). Nascentes, após a caracterização das funções sintáticas, enumera vinte e sete observações, através das quais comenta certas ocorrências frasais mais complexas. Detenhamo-nos apenas em algumas.

Reconhece o objeto direto preposicionado, além dos objetos e o predicativo pleonástico. Em exemplos do tipo "A obediência *às leis* é a base da ordem", refere-se "às leis" como "complemento" e ainda, citando Maximino Maciel, diz poder constituir a palavra citada "um objecto nominal" (um termo, pois, de caráter obrigatório). Apresenta, por fim, em relação à ocorrência "deram oito horas" as posições assumidas por Maximino Maciel (atribui ao verbo *dar* o valor de *soar*, verbo intransitivo, e considera *oito horas* o sujeito) e Mário Barreto (considera o verbo intransitivo, sendo sujeito o número que designa a hora). Nascentes mostra-se, assim, familiarizado com as opiniões sustentadas por outros estudiosos, contemporâneos da época da publicação do seu *Modelo prático*, acerca de problemas sintáticos da língua. Causa apenas certa estranheza que, ainda na edição de 1959, tenha mantido certas distinções como entre sujeito lógico e sujeito gramatical e entre predicado lógico e predicado gramatical (p. 26).

No estudo do período composto, Nascentes parte do critério formal para distinguir os processos da coordenação e da subordinação. Naquele, as orações são separadas por justaposição ou por conjunções coordenativas; neste, por conjunções subordinativas ou por pronomes relativos. Só depois, ele faz ver que as proposições coordenadas são "de igual categoria ou força significativa" (critério semântico); já no período composto por subordinação, assinala que há uma proposição da qual as outras dependem: é a principal (critério funcional), pois as proposições subordinadas provêm do desdobramento de termos da proposição principal representados por substantivos, adjetivos ou advérbios, sendo, então, quanto ao seu valor sintático, substantivas, adjetivas ou adverbiais. Vale-se sempre de exemplos bem didáticos de como decompor e classificar as orações de um período composto por subordinação. Focaliza, a seguir, inovando aqui em relação a Fausto Barreto, as orações reduzidas de infinitivo, gerúndio e particípio. Bem ao espírito das exigências escolares da época, apresenta um modelo de análise lógica de uma estança extraída dos *Lusíadas*.

Como procedeu em relação ao período simples, acrescenta quarenta observações em que comenta determinadas passagens textuais. Fixemo-nos apenas em algumas. Admite que o pronome *quem* pode precisar ou não de desdobrar-se em *aquele que*. Depende do sentido, segundo ele. Assim, na frase "Não serei quem torne a erguer a decorada abóbada" (A. Herculano), cabe o desdobramento. Quando o *quem* for um pronome relativo ou interrogativo, já não tem cabimento desdobrar o *quem*. No exemplo acima citado, em que propõe desdobramento, recusa-se, pois, a falar em oração predicativa, que, no prefácio da 2ª edição (1921), diz ter passado a defender, influenciado principalmente por Meyer-Lübke. Mostra-se igualmente a favor do desdobramento de *quanto* em "todo o que, tudo o que", em exemplos como "Saibam quantos este documento virem...". Já em "Deus disse: faça-se a luz", é de opinião que "faça-se a luz" constitui um objeto direto, observando que "subentender *isto* para dar como objecto directo do verbo da oração principal traz uma inútil complicação". Por fim, entende o verbo *haver* como parte de uma locução que exerce a função de adjunto circunstancial de tempo em passagens como "Há três anos estive em sua casa", considerado, pois, o período com uma única proposição.

Nas quarenta observações que fazem parte do estudo do período composto, Antenor Nascentes recorre a vários exemplos dos clássicos, muitas vezes em construções complexas para figurarem em um livro didático de iniciação à então chamada análise lógica. De qualquer modo, o seu *Método prático* – com seus inegáveis méritos analíticos e pedagógicos para a época em que foi publicado, ao lado de classificações que mais tarde, com o avanço dos estudos sintáticos da nossa língua, passariam a ser censurados – não pode, em nosso juízo, ficar de fora de uma, ainda que brevíssima, trajetória do estudo da análise sintática em nosso país.

Já se mencionou que, em 1959, Nascentes publica um pequeno volume (48p.), denominado *Dificuldades da análise sintática*, em que reúne "algumas observações que me pareceram especializadas", como um adendo ou complemento de seu *Método prático*. Na verdade, o que predomina nesta sua obra são construções, em sua maioria, extraídas de autores clássicos, mormente portugueses, e até de autores medievais, como Duarte Nunes. Seus comentários são frequentemente cotejados ou corroborados pela opinião de vários filólogos brasileiros e portugueses, como Said Ali, Mário Barreto, João Ribeiro, Ernesto Carneiro Ribeiro, Eduardo Carlos Pereira, Epifânio Dias e Leite de Vasconcelos. Este volume deixa, assim, de ter o caráter de uma iniciação à análise sintática.

É de se ressaltar que, nesta obra, dos fins da década de 1950, Nascentes já então aparece defendendo a posição de que

> Toda análise que exige desdobramentos, subentendimentos (exceto no caso de elipse evidente), é sempre precária. Deve-se analisar o que está no texto e não os sucedâneos. (p. 10)

Assim, Nascentes passa a adotar a mesma orientação linguística de outros estudiosos brasileiros, bem mais jovens, exposta em obras congêneres e publicadas em datas próximas, como a de Melo (1953), de Bechara (1960) e de Kury (1961).

Sob pena de grave omissão, não se pode deixar de mencionar aqui a posição pioneira, entre nós, de Said Ali, no tocante aos desdobramentos e subentendimentos na análise de certas construções sintáticas. Quanto aos primeiros, pronuncia-se contrariamente em *Gramática histórica*, cuja edição inicial, quando publicada em um volume só, remonta ao ano de 1931. Assinala que, em proposições como "quem porfia mata a caça", o pronome se apresenta visivelmente destituído de antecedente, de modo que, para ele, desdobrar o *quem* em "alguém que" é analisar não já o pronome tal qual se apresenta na frase, mas sim o seu equivalente semântico, método condenável, de conciliação forçada (1964: 109-110). Quanto aos segundos, os subentendimentos, já em 1930, no texto básico de suas *Dificuldades da língua portuguesa*, que é o da terceira edição desta obra, se pronuncia também contra tal procedimento da análise frasal, com ressalva dos casos inequívocos (nos brados de comando, nos gritos "jornal", "gazeta", etc., com que os vendedores apregoam folhas diárias, e em expressões como "o homem nasce e morre"). Quando, contudo, ressalta ele, para ajeitar um pensamento, uma oração a certo tipo teórico preestabelecido, reconstrói-se uma oração que não foi, na verdade, enunciada, então a elipse perde o genuíno sentido (1957: 80-81). Para Said Ali, o sentimento da linguagem é que é o critério soberano para julgar se houve ou não uma elipse. Assim, numa frase como "há muitos homens nesta terra", o sentido está completo, é assim que a usa todo o mundo, não importa que a oração tenha, em geral, dois termos; em geral, mas não sempre. Não há aqui, para ele, como outorgar um sujeito fictício ao verbo *haver* nas orações existenciais.

Em "Não é disto que se trata", considera Nascentes tratar-se da expressão "Não se trata disto", proferida apenas de modo mais enérgico, através de *é que*, condenando, para efeito da análise, o subentender um pronome demonstrativo *o*: "Não é isto o de que se trata." Do mesmo modo, em "Procedeu êle como se alguém o tivesse ofendido" (p. 22), assinala que a comparação hipotética se faz por meio da locução conjuntiva *como se*. E acrescenta:

> A antiga análise, sempre propensa a subentendimentos, resolvia o caso com o futuro do pretérito do predicado verbal da oração principal: Procedeu êle como (procederia) se...

Ressalte-se também que, numa construção do tipo "Faz dois meses que estive aqui" (p. 21), já interpreta o verbo *fazer* como impessoal e o *que* como conjunção temporal de uma oração adverbial.

Dificuldades, em suma, já revela mudanças expressivas de posicionamento e, pois, de classificação de fatos da língua por parte de Nascentes.

Encerra esta obra, como reflexo da aludida orientação pedagógica da época no tocante ao ensino da língua, com o privilegiamento da análise sintática de períodos tirados dos clássicos, a apresentação de cinquenta estanças difíceis (o adjetivo é dele) dos *Lusíadas* para a prática dos alunos. Nascentes, para facilitar tal exercício, organiza as estrofes camonianas separadas em orações. Saliente-se que Garcia (1967: 5), em compêndio que participa desta breve história do ensino da análise sintática que aqui se arquitetou no século passado, espelha bem a situação da cadeira de Português no chamado curso secundário na época:

> ao chegar ao fim do curso, o estudante, em geral, continua a não saber escrever, *mesmo que seja capaz de destrinchar qualquer estrofe camoniana ou qualquer período barroco de VIEIRA*, nomenclaturando devidamente todos os seus termos. (grifo nosso)

2.2. *Manual de análise (léxica e sintática)* de José Oiticica

A segunda obra a merecer nossos comentários é o *Manual de análise* (léxica e sintática) de José Oiticica, cuja primeira edição data de 1939. Vamos ater-nos só à parte relativa à sintaxe e à sua 11ª edição, de 1955, cujo texto é fundamentalmente o mesmo da 1ª.

Oiticica, autor também de trabalhos didáticos, sobressaía-se no então meio filológico brasileiro, em que predominava o método histórico-comparativo, pelas suas preferências pelos estudos da sistematização dos fatos da língua.

No exame das funções sintáticas, em que o autor parte de exemplos bem acessíveis, criados por ele, destaquemos os seguintes pontos, a começar pela função subjetiva. Considera igualmente como indefinido o sujeito em frases como *Troveja, Há homens na casa, Batem à porta, Come-se bem aqui, Faz hoje sete anos* (p. 200). Na função predicativa ("declaração feita relativamente ao sujeito"), é digno de nota o seu comentário acerca de um exemplo como *O sol é um astro*. Em casos tais, faz ver que "a declaração principal se contém no *SUBSTANTIVO astro* e não no verbo *é* que apenas enuncia *o estado normal* do sujeito, relativamente ao tempo" (p. 203-204). Então, para ele, a função de predicado é exercida verdadeiramente pelo substantivo, de sorte que *astro* é o predicado ligado ao sujeito pelo verbo de estado *é*. Condena, assim, a orientação de analisar *é* como predicado e *astro* como adjunto predicativo, "deturpando-se a noção de predicado" (p. 204). Mostra Oiticica que tanto a função subjetiva quanto a predicativa podem ser exercidas por uma oração substantiva, desenvolvida ou reduzida.

Estudando a função objetiva direta, Oiticica fornece exemplos variados de objeto direto preposicionado como *João matou a Pedro, Não provei da comida, Os adversários puxam da espada, Ele reconheceu a mim e ao irmão*, sem, contudo, dar qualquer explicação, de ordem semântica ou estilística por exemplo, para tais usos, acentuando apenas que a supressão da preposição ao substantivo objeto não acarreta "alteração de sentido" (p. 209), observação que não é aceitável, pois seria admitir que a preposição seria desprovida de qualquer valor significativo.

Quanto à função objetiva indireta, em extensa nota de rodapé (p. 210), Oiticica firma sua posição, reconhecendo que o estudo desta função exige revisão. Diz ele: "Para mim (o objeto indireto) é o seguinte: *a referência a pessôa ou ente personificado. É o dativo e o acusativo de pessoa: fechar a porta* AO INIMIGO; *dar uma satisfação* A ALGUÉM; *rogou um obséquio* AO IRMÃO", recorrendo, assim, a um argumento diacrônico. Para ele, então, "Em frases como *preciso de luvas, careço de dinheiro*, etc., tais objetos são, em tudo, diretos, resto de um *complemento terminativo* preso a um *substantivo* correspondente: *tenho precisão de livros*".

> Quando, porém, *tenho precisão* se condensa em *preciso* é este verbo a declaração e *livros* o seu imediato objeto (direto). O *de* é mero vestígio do complemento terminativo necessário à relação entre substantivos, mas dispensável com o verbo.

Deve-se realçar que Oiticica, que tanto se preocupou com a caracterização do objeto indireto, como nos *Apêndices* ao seu *Manual* (p. 285), já reconhece cinco espécies de objeto indireto: 1) normal: Dei um livro *a Marcelo*; 2) assimilativo: O jovem guerreiro igualava-se *a um herói antigo*; 3) atributivo: Esse negócio trata-se *com o Silvério*; 4) distributivo: Distribua os doces *com os pequenos*; 5) recíproco: Lulu se parece *com Marina*. O autor não fornece qualquer explicação para os exemplos dos diversos tipos arrolados, como a de levar em conta a significação de verbo.

Depois de focalizar as funções subjetiva, predicativa e objetiva (direta e indireta), Oiticica se detém no estudo das funções adjetiva e adverbial (p. 211-222).

Na função adjetiva (de adjunto adjetivo), o autor se preocupa em mostrar como ela pode manifestar-se (por palavra, incluído o pronome como em "esta jarra", expressão ou oração). Chama o *cujo* de adjetivo relativo, negando-lhe, no entanto, o valor de pronome, considerando-o adjunto adjetivo do substantivo seu consequente ("Mandei-lhe uma fruta cujo nome ignoro"), pois "é crasso êrro empregá-lo em lugar de *o qual, a qual, os quais, as quais*" (p. 213). É de ressaltar também que em ocorrência como "Dize-me que fazes", considera o *que* "uma palavra que encerra em si a função de objeto direto do *dize* e a função do pronome relativo *que*. Chamo, por isso, a tal *que, palavra sintética*" (p. 214). Em nota de rodapé, manifesta sua discordância "do professor Said Ali, mestre de nós todos", que via nestas orações iniciadas com palavras sintéticas (*que, quem, como, onde, porque, quanto*) orações substantivas. E conclui: "Longe, pois, de considerar *absurda* a decomposição de tais palavras na análise, conforme sentencia o mestre, acho-a indispensável e continuo a ter por *adjetivas* tais cláusulas." De sorte que em "*Não sei quem me chama*", o objeto direto de *não sei*, para ele, não é toda a oração seguinte, mas o substantivo *pessoa*, latente, ou elíptico, no pronome *quem*, e a oração *que me chama*, adjetiva. Já em frases da estrutura de "Nomearam meu tio escrivão", chama *escrivão* de aposto predicativo. Por fim, reconhece a existência de orações reduzidas de particípio, gerúndio e infinitivo com valor adjetivo.

Na função adverbial (de adjunto adverbial), Oiticica se preocupa também em mostrar como ela pode manifestar-se (por palavra, expressão ou oração). Numa ocorrência como "Ela caminhava silenciosa", defende a interpretação de que "*silenciosa* se refere, pura e simplesmente, a *ela*, havendo aí, na realidade, dois predicados, pois faço duas declarações: 1ª que ela caminhava; 2ª que ela estava silenciosa. *Silenciosa* é, legitimamente, adjunto adjetivo de *ela*" (p. 219).

Oiticica fala ainda da função interjetiva, a traduzir apelo, manifestação de um sentimento. Faz ver que ela pode ser expressa por palavra, mera interjeição, oração e até mesmo por duas expressões interjetivas ("Com todos os diabos, que maçada!") (p. 221).

Após tratar das funções, Oiticica examina os casos do pronome objetivo como sujeito ("mandei-o viajar") e formas que traduzem realce ("Este livro é meu *mesmo*").

A seguir, em seção intitulada "Dos complementos" (p. 223-228), discrimina, para efeito de análise, várias locuções preposicionadas e antecedidas de um nome substantivo. No ano anterior ao da publicação da 1ª edição do *Manual de análise* (1939), tinha escrito, para a *Miscelânea de estudos em honra de Manuel Said Ali*, um pequeno ensaio sobre a *Teoria dos complementos*, mais tarde um pequeno livro da conhecida coleção da Organização Simões. Alguns poucos exemplos que servem para ilustrar a diretriz central de sua preocupação classificatória destes complementos. Em "A resolução *do diretor* agradou a todos", "A remessa *dos livros* fez-se bem" e "Sua resposta *ao crítico* está ótima" fala, respectivamente, no tocante aos termos sublinhados, em complemento subjetivo, complemento objetivo e complemento terminativo ("Respondeu ao crítico"). Vale-se, pois, nestes exemplos, de um critério funcional (relação entre o nome substantivo e a locução preposicionada) para introduzir distinções classificatórias num complemento que se costuma, pela sua estrutura, chamar genericamente de complemento nominal. Adota já um critério semântico na caracterização de outros complementos; assim, refere-se a um complemento específico em "Um *dos leões* morreu" ou em complemento possessivo em "A casa *de Pedro* incendiou-se". Esclarece, ainda, que há orações substantivas e adjetivas complementares, como em "Dissipou-se minha suspeita *de que houvesse alterado a resposta*" (oração substantiva, com o valor de um complemento terminativo) e "Teu regresso *para fazeres o concurso* foi penoso" (oração adverbial, com o valor de um complemento circunstancial de fim). A respeito deste último exemplo, registre-se que, para Oiticica, em "Nossa ida *a Petrópolis* vai ser encantadora", chama *a Petrópolis* de complemento circunstancial do substantivo *ida*.

O nosso autor trata ainda de construções como a da antecipação, já aqui recorrendo a exemplos dos clássicos: "muito comuns nos clássicos, fonte quase única dos anacolutos e embaraço frequente nas análises" (p. 228). O anacoluto é tratado à parte. Tece considerações sobre as expressões *é que* e *eis que*. Faz observações sobre a construção passiva. Anote-se que em "Assustei-me com o trovão", considera "a voz realmente passiva pois o sujeito sofre a ação sem exercê-la" e corresponde à ativa: *o trovão me assustou* (p. 239); já em "Bebe-se muito no verão", mostra-se adepto da passiva impessoal. Ao focalizar a aposição, apresenta nada menos que vinte tipos de aposto! (p. 241).

Finaliza o autor o estudo do período simples com um quadro resumitivo das "funções lógicas"; separa-as em "gerais" (subjetiva e predicativa) e "especiais" (objetiva, adjetiva, adverbial e interjetiva).

Entra a seguir Oiticica no enfoque do período composto. Distingue, então, coordenação de subordinação na base do critério semântico. As orações coordenadas têm sentido completo ou independente, ao contrário das subordinadas, que só têm sentido inteligível unida a uma outra, sendo dela, chamada de principal, impossível separar-se. Focaliza ainda o processo da correlação, enumerando vários exemplos bem distintos, como em "*Tal* era o pai, *tal* era o filho", com paralelismo, através de uma comparação, na apresentação dos dois conceitos, como também em "*Tanto* gritava a mulher, *quanto* gritava o filho", ou, ainda, em "O velho trabalha *mais* que o moço". Considera também as correlatas aditivas ("*Não somente* procederam mal, *mas também* acusaram dois empregados inocentes") e consecutivas ("O susto foi *tal*, *que* a moça desmaiou").

Oiticica defende mesmo com veemência o processo da correlação na estruturação de períodos compostos, como um processo distinto da coordenação e da subordinação. Publicou, em 1952, pela Organização Simões, um livrinho *Teoria da correlação*. No *Manual*, objeto de nossa consideração, diz incisivamente:

> sentidas, em geral, como casos especiais da subordinação, cousa inadmissível, pouco se teem ocupado os gramáticos e os *Métodos* com as correlações, dificultando imensamente o estudo da análise, sobretudo de Camões, onde os períodos correlatos se sucedem. (p. 245-246)

Por fim, Oiticica trata da "juxtaposição" (p. 248-250). Pelos exemplos dados, todas de sua lavra, pode-se dizer que o que caracteriza a justaposição para ele, embora isto não tenha sido explicitado, é a ausência de conectivo, de um elo conector, a ligar orações. Em "Justino, *me disse o guarda*, recolhe aquele quadro", chega a falar em duas frases independentes, "uma das quais se intercala entre dois termos da outra, suspendendo-lhe a sequência". Por isso, a frase *me disse o guarda* chama-se *intercalada*. As duas frases estão relacionadas apenas por mera *justaposição*" (p. 248). Oiticica, ao tratar de duas orações independentes, rejeita a ideia de uma relação de subordinação entre elas, como também não considera a coordenação. Já em frases como "Meu maior desejo era este: *fugir daquela casa*", considera a oração destacada também justaposta, como uma substantiva, aposta, reduzida do infinitivo, sem mencionar, contudo, oração subordinada.

Finaliza igualmente o autor o estudo das orações com um quadro resumitivo delas. Podem ser, segundo ele, independentes, coordenadas, principal, subordinadas, correlatas e justapostas.

Antes de apresentar onze modelos de análise sintática (p. 255-284), utilíssimos para a apreensão do seu pensamento acerca da estruturação da frase portuguesa, de períodos extraídos dos autores clássicos, com exceção de um, Oiticica faz uma longa observação sobre "Modelos de análise lógica" (p. 250-255). Trata da utilização dos diagramas, "muito recomendados e usados nos Estados Unidos". Critica a sua adoção ("não permite a análise completa de um período, ensinando apenas a divisão e interdependência das cláusulas"). Defende que eles devem ser meros *esquemas*, que ele adota, "cujo desenvolvimento é indispensável para a perfeita apreensão do trecho". Prefere, contudo, assinalar primeiro alguns pontos em que se afasta resolutamente do modo comum de analisar. Cinjamo-nos a dois deles. Faz severa e fundamentada crítica à distinção entre sujeito lógico e gramatical e entre predicado lógico e gramatical, distinção copiada, segundo ele, de um absurdo inventado por Mason, gramático inglês. Depois, discorda quanto ao critério da divisão do período em orações. Segue, neste particular, "*in totum*, as observações sensatíssimas do gramático francês Texier". Este autor, ante um período composto por subordinação, como o de A.F. de Castilho, "O salário poderia também variar segundo a importância das comunas, quando não fôsse cômodo ou possível o reunirem-se", denominaria de *oração geral* todo o enunciado, porque dentro dela se encerram "quando não fosse cômodo ou possível o reunirem-se", sem se poderem separar da primeira, por serem orações subordinadas dela (principal). Desta maneira, o período comportaria a análise de uma oração geral: sujeito ("o salário"), predicado ("poderia também variar segundo"...), assinalando a ocorrência do adjunto adjetivo ("o") e de adjuntos adverbiais ("também", "segundo a importância das comunas" e "quando não fôsse cômodo ou possível o reunirem-se", este último com forma oracional). Em continuação, seria analisada então a oração subordinada adverbial.

Os esquemas adotados por Oiticica, o seu modelo de análise, são representados por grandes chaves, horizontais e verticais, como em:

Sujeito ⏞ Sofia	Função subjetiva exercida por um substantivo próprio.
Predicado ⏞ deu-lhe a mão gentilmente, sem sombra de rancor	Função predicativa exercida por um verbo de predicação dupla, seguido de dois objetos e modificado por dois adjuntos adverbiais.
Objetos ⏞ a) a mão (direto) b) lhe (indireto)	Função objetiva exercida: a) por um substantivo comum; b) por um pronome pessoal objetivo indireto.
Adjuntos Adverbiais ⏞ a) gentilmente b) sem sombra de rancor	Função adverbial exercida: a) por um advérbio de modo; b) por uma expressão adverbial, negativa, de estado.

Encerram o livro três tópicos (*Apêndices*, 285-288) que mereceram, *in fine*, comentários do autor: a justaposição adverbial ("Não o vejo *há dois anos*", ressaltando o autor que a oração destacada não está subordinada à primeira mas, apenas, justaposta); a nota sobre as espécies do objeto indireto e um estudo, com mais exemplos, do predicativo.

Antônio Houaiss, ao escrever o prefácio de *Teoria da análise sintática* de Rocha Lima (1943), traça um pertinente cotejo entre as duas obras, a de Nascentes e a de Oiticica, que foram justamente as escolhidas para começarmos este breve painel histórico sobre o estudo da análise sintática entre nós, com as classificações e terminologias que foram sendo adotadas, vindo a constituir esta longa tradição firmada em nosso meio escolar. Diz Houaiss em seu confronto dos dois manuais, ambos tidos por ele como dos poucos "salvantes" na pobreza qualitativa de tantos "métodos" publicados:

> um (o de Nascentes), que seguindo iniciativa, como o confessa, de Fausto Barreto em nosso meio, aproveitou tudo o que lhe parecia sólido na nossa tradição gramatical, num corpo sistemático – embora conciso – tanto quanto lhe permitia a direção tomada; outro (o de Oiticica), radicalmente pessoal (ainda que confesse alheia influência), criando – digamo-lo – tudo, para ter nisso o maior obstáculo à sua difusão. Um, livro didàticamente mais psicológico; outro, didàticamente mais lógico; um cientìficamente mais omisso; outro mais preciso; um, mais acessível; outro, no geral do público ledor, quase hermético. (1943: 8-9)

2.3. *Teoria de análise sintática* de Rocha Lima

Em 1943, como já foi dito, Rocha Lima lança a sua *Teoria de análise sintática*, que recebe um prefácio muito elucidativo e elogioso de Antônio Houaiss. O livro teve, na verdade, muito boa aceitação em nosso meio pedagógico, havendo sido bem apreciado também por filólogos do prestígio de Gladstone Chaves de Melo e Serafim da Silva Neto, entre outros. Ressaltam-lhe, do mesmo modo que Houaiss no seu texto prefacial, a clareza, o didatismo e a atualidade de suas ideias. Rocha Lima, cuja atuação docente sempre foi exaltada pelos seus alunos, foi autor de uma série de livros didáticos, todos bem recebidos pela nossa rede escolar. As observações que passaremos a fazer terão como base a 3ª edição, de 1956, que apresenta algumas alterações e acréscimos em relação à primeira, a começar pela presença do subtítulo "Iniciação no estudo da estrutura da frase portuguesa". Estas alterações serão explicitadas nos seus devidos momentos. A escolha da 3ª edição se deveu essencialmente ao fato de que ela vai traduzir melhor, mais atualizadamente, o pensamento do autor no tocante ao estudo e ensino da análise sintática.

O compêndio se acha organizado em cinco capítulos: *Da frase*, *Da oração*, *Do perío*do, *Da sintaxe ideológica e afetiva* e *Algumas dificuldades*.

No primeiro capítulo, ao firmar o conceito de frase, nega a afirmação corrente "de ser a presença de um verbo o que caracteriza a frase, não só porque há numerosas frases sem verbo, senão também porque uma só frase pode abarcar várias orações" (p. 14). Mostra, outrossim, que a distinção entre frase e vocábulo assenta-se em planos linguísticos distintos, valendo-se de afirmação contida no então recém-publicado livro *Princípios de linguística geral* (1941), de Mattoso Câmara. A seguir, distingue os tipos de frase de acordo com a predominância de cada um dos elementos presentes em todo ato de fala. Assim, já fala em *situação*, quando trata da frase indicativa ("Fogo!" "Silêncio!").

O segundo capítulo é dedicado à oração. Começa por ressaltar a importância do elemento emotivo, por exemplo, nas indicações, o que as torna inanalisáveis logicamente. Em continuação, firma o conceito de oração em consonância com os "modelos sintáticos previstos no julgamento lógico da língua", ou seja, a frase que se biparte em sujeito e predicado (p. 18). Condena, assim, a doutrina da elipse, ainda impregnada então em nosso meio em matéria gramatical, segundo a qual, ao se dizer, por exemplo, "Que alegria!", se defende, para a análise da expressão, o se subentender uma forma verbal como *tenho* ou *temos*.

Ao passar ao exame dos termos da oração, trata, de início, da representação do sujeito de terceira pessoa, focaliza a omissão do sujeito (numa forma como *foges*), sua indeterminação, colocando lado a lado exemplos como "Falam mal dessa môça" e "Alguém bateu à porta" (este último tipo de exemplo não ocorre na

1ª edição) e, por fim, comenta as construções sem sujeito ("Aqui *faz* verões terríveis", "Costuma nisto *haver* alguns perigos" ou "*Era* em Paris").

É o primeiro manual de análise sintática entre nós, ao menos quanto aos que selecionamos para comentar, que reconhece que a oração pode "reduzir-se apenas ao predicado, desde que a nossa declaração parta da idéia de um ato em si mesmo, sem referência particular a nenhum ser" (p. 20). No estudo do predicado, reconhece o nominal, o verbal e o verbo-nominal (ou misto). No caso do predicado verbo-nominal reconhece a função de anexo predicativo do objeto (direto ou indireto).

Considera, depois, os complementos. Enumera as várias construções do objeto direto preposicionado. Ao tratar do objeto indireto, distingue, o que não faz na 1ª edição, entre o objeto indireto ("pessoa ou coisa a que se destina a ação, ou em cujo proveito ou prejuízo ela se realiza"), precedido da preposição *a*, às vezes *para*, e correspondente à forma pronominal *lhe* ("obedeço a meu pai", "falei a Mário, trabalho para minha família") e o que, "por generalização, costumam reunir-se sob a designação de *objeto indireto*, ou seja, todos os complementos que, representados por substantivos, vêm precedidos de uma preposição", como em "responde a seus argumentos", "preciso de seus conselhos"; quando pronomes, são expressos, tais complementos, pelas formas pronominais tônicas *mim*, *ti*, *ele*, *ela*, *nós*, etc. Rocha Lima, em sua posterior *Gramática normativa da língua portuguesa*, vai chamar, a tais complementos verbais, de "complementos relativos", esclarecendo que integram, com o valor de objeto direto, a predicação de um verbo de significação relativa, denotando, como o objeto direto, "o ser sobre o qual recai a ação" (1972: 221-222). Na verdade, não se afasta da posição já defendida por Oiticica.

Rocha Lima reconhece ainda um complemento circunstancial, explicitando as suas diversas ocorrências como "um complemento de natureza adverbial, tão indispensável à integridade do predicado quanto, em outros casos, o objeto direto e o indireto" (p. 42). Alguns exemplos: "A casa fica em Laranjeiras", "Morar em Paquetá", "Ir a Roma", "A guerra durou cem anos", "Distam muitas léguas". Ao lado dos complementos verbais, faz ainda o autor menção ao complemento nominal (na 1ª edição, complemento terminativo), ou seja, à força transitiva que há em substantivos, adjetivos e advérbios.

Apresenta, em continuação, os adjuntos: os restritivos e os adverbiais. Sob a denominação de "Outros termos" (p. 46), trata do aposto, do vocativo e do agente da passiva.

No terceiro capítulo, Rocha Lima entra no estudo do período (p. 51). Reconhece quatro processos sintáticos em sua estruturação: coordenação, subordinação, correlação e justaposição.

Assinala que há coordenação sempre que se sucedem elementos da mesma função. Portanto, não há coordenação apenas entre orações. No período composto por subordinação, faz ver que as noções já não têm a mesma função, "porque elas representam ampliações dos vários termos de uma só oração independente" (p. 55), daí a sua divisão em substantivas, adjetivas e adverbiais. Entre as substantivas não menciona as apositivas, que ele inclui entre as justapostas. Entre as adverbiais, não inclui as comparativas e as consecutivas, valendo-se do termo concomitantes, em lugar de proporcionais. O processo da correlação é caracterizado como aquele em que se dá paradependência entre orações ("A rã inchou tanto que estourou"). Assim, para Rocha Lima, as orações comparativas só aparecem como correlatas ("Aquela môça é mais formosa que a irmã"). No processo da justaposição, entende que "as orações são independentes quanto à forma, porém profundamente entrelaçadas pelo sentido" (p. 69), como em "Este casamento, *ponderou o velho*, é uma imprudência". Entre as justapostas apositivas, Rocha Lima, na esteira de outros autores como o próprio Oiticica (1939: 240), defende a elipse de um objeto direto em exemplos como: "Aristóteles costumava dizer aos seus amigos: meus amigos, não há amigos." E acrescenta a seguinte observação, certamente prevalente pelo menos até os inícios dos anos 1960:

> É evidente que a oração "meus amigos não há amigos", não é subordinada substantiva objetiva direta. Para tanto, falta-lhe a conjunção integrante, característica daquelas orações, e a própria contextura geral, de sentido incompleto. (p. 70)

Rocha Lima termina o estudo do período com o enfoque das orações reduzidas (p. 71-76), incluindo entre elas as reduzidas de particípio presente, que têm valor adjetivo ("Este é o caminho conducente à glória").

No quarto capítulo, que não consta da 1ª edição, o autor trata de construções que ele considera de sintaxe ideológica e afetiva, pois

> A construção da frase é campo vastíssimo, em que constantemente entram em conflito a rigidez da lógica gramatical e os direitos superiores da imaginação e da sensibilidade. (p. 77)

Tem-se, pois, o sintaticista preocupado com a ideia e com o sentimento do que o escritor intenta exprimir, responsáveis por perturbar a organização gramatical da frase.

Por fim, no quinto e último capítulo, Rocha Lima se detém em examinar algumas dificuldades outras da análise sintática (p. 85-97). Focaliza, então, mais detidamente, a natureza do objeto indireto, o que não se dá na 1ª edição, as palavras vicárias ("Agora nenhum rei está aqui, mas *sim* o mestre d'Avis..."), os recursos de realce (como o do pleonasmo), as orações latentes ("O rapaz procedeu como cumpria"), as orações semilatentes ("Ele anda tal qual um bêbado"), o anacoluto, os reflexivos fossilizados ("Maria não se atreveu a sair"), o infinitivo com valor passivo, ainda que se apresente na forma ativa ("Aquela ponte é fácil de transpor"), a passiva pessoal com infinitivo ("... foram vistos os demônios andar também na dança...") e, por último, a locução *é que* ("As árvores é que davam sombra aos viajeiros" ou "Eram as árvores que davam sombra aos viajeiros").

O autor de *Teoria da análise sintática* se vale de exemplos próprios e também de exemplos de escritores consagrados pela tradição, ao ilustrar estruturas sintáticas menos correntes.

Sem dúvida, o livro de Rocha Lima dedicado à análise sintática enriqueceu a nossa literatura didática sobre o assunto. Nele trata, com rigor e clareza, pontos pela primeira vez incluídos neste tipo de compêndio, pelo menos entre os que estamos focalizando, sem nos reportarmos, enfatize-se, a nenhuma gramática das inúmeras até então publicadas no Brasil, sobretudo desde o final do século XIX: a distinção entre frase e oração, o destaque dado à situação de fala, a menção às orações sem sujeito, o reconhecimento dos três tipos de predicado, o combate ao apelo exagerado da elipse para efeito de análise, o realce ao elemento emotivo na construção de certas frases, para nos ater apenas a estes pontos. Melo (1944), em breve recensão de *Teoria da análise sintática*, afirma:

> Achamos, mesmo, que, pelas qualidades acima lembradas de clareza, simplicidade, didatismo, ótima sistematização e concordância com os princípios da Lingüística, o manual de Rocha Lima é o que melhor apareceu no assunto, em língua portuguesa, até aqui.

Não se deixe de ressaltar ainda que o autor apresenta, ao final da obra, a bibliografia de que se valeu, que se mostra selecionada e atualizada para a época da publicação da 1ª edição de *Teoria* (de 1943), nela figurando, por exemplo, como já se explicitou, *Os Princípios* de Mattoso Câmara, recentemente publicados (1941). Rocha Lima, contudo, ao contrário de Oiticica com os seus esquemas, não fornece nenhum exemplo de modelo de análise de períodos, como aplicação de suas ideias acerca da estrutura da frase portuguesa.

2.4. *Novo manual de análise sintática* de Gladstone Chaves de Melo

Em 1953, Gladstone Chaves de Melo, filólogo já então autor de obras importantes, publica o seu *Novo manual de análise sintática*, em que intenta dar a este assunto "feição mais didática, para oferecê-lo aos professores e estudantes, interessados em rever o conturbado problema da análise sintática", conforme declara no prefácio. Tomaremos como base das nossas observações sobre esta obra a 3ª edição, de 1967, com alterações e acréscimos em relação à primeira. Como procedemos com o manual de Rocha Lima, optamos por esta última edição por traduzir melhor, com o passar dos anos, o pensamento do autor, suas posições mais sedimentadas.

Na 2ª edição, de 1959, já aparece o capítulo sobre "onde se situa a análise sintática". Na edição de 1967, vai tratar da "correlação alternativa", além de ter ajustado a obra à Nomenclatura Gramatical Brasileira, do final dos anos cinquenta.

Antes de tecer considerações sobre o manual de Melo, como se citou a Nomenclatura Gramatical Brasileira (a NGB), será oportuna uma palavra sucinta sobre a mesma. Até sua elaboração, pode-se dizer que era caótica a situação do ensino de Português no tocante à utilização da metalinguagem gramatical. Nomes diferentes para um mesmo conceito, que variavam quase de compêndio para compêndio, era uma rotina na prática escolar. Antes, por exemplo, do adjunto adnominal fixado pela NGB, vários eram os termos empregados para traduzir esta função sintática, como adjunto limitativo, adjunto adjetivo, adjunto atributivo, adjunto restritivo... De modo que o documento que consubstanciava "um projeto de simplificação da nomenclatura gramatical brasileira", em boa hora proposto pelo Ministério de Educação e Cultura a uma Comissão constituída pelos professores, todos catedráticos do Colégio Pedro II, Antenor Nascentes (eleito presidente), Clóvis Monteiro, Celso Cunha, Rocha Lima e Cândido Jucá (filho), publicado em Portaria de janeiro de 1959, veio a ser, para a época, de inegável valia, contornando um problema altamente prejudicial ao ensino, não obstante os reparos e as discordâncias recebidas de conceituados professores de Língua Portuguesa.

Voltando a considerar-se o *Manual* de Melo: logo em sua introdução, o autor se posiciona ante a utilidade da análise sintática:

> Reconheço certa utilidade e até necessidade no estudo e manejo da análise sintática: porém utilidade restrita e modesta. Estou muito longe daqueles que fazem consistir, por assim dizer, o estudo da língua em analisar frases, sobretudo frases complicadas. (p. 15)

Após a introdução, antes de iniciar o estudo da oração e do período, o autor se detém em quatro breves capítulos. O primeiro sobre "O que é a análise sintática" (p. 17-21); critica, então, o seu ensino (terminologia complicada, análise de estrofes não suficientemente explicadas de *Os Lusíadas* e a técnica das substituições). Propõe-se, então, fazer as pazes da análise sintática com os estudantes, daí o subtítulo que deu à sua obra, "racional e simplificada", partindo do princípio de "quem entende o que ouve ou o que lê, analisa (...). Analisa, digo, na consciência lingüística espontânea". Vem a seguir, o capítulo sobre como "situar a análise sintática" (p. 23-25), que, para ele, é o "conhecimento prático, estimulante, da Sintaxe Analítica". No seguinte, trata da "Utilidade e método da análise sintática" (p. 27-29); serve "para exercitar as relações entre os membros da frase", "como elemento de verificação, quando o autor, na intuição, desconfia da sua frase" e, por fim, presta "ela ainda auxílio nas possíveis perplexidades sobre pontuação". No seu roteiro para o estudo da análise sintática, enfatiza os princípios básicos da racionalidade, essencialidade e tendência constante à simplificação. Por fim, no último capítulo desta parte inicial do "Novo método", "Duas palavras de Lógica" (p. 31-33). Esboça, então, de maneira bem didática, a diferença entre a análise lógica e a análise sintática, que uma longa tradição, no estudo do campo da linguagem, não parecia saber distinguir. Esta parte inicial do livro de Melo é, certamente, a mais esclarecedora, a contribuição mais significativa de seu manual sobre o estudo e o ensino da análise sintática.

Passa, em seguida, o autor a estudar a oração, em seus termos considerados essenciais (o sujeito e o predicado, neste último podendo figurar termos integrantes: os objetos, o predicativo e o agente da passiva) e acessórios (os adjuntos adnominais, que também ocorrem em torno do núcleo do sujeito, e adverbiais e o que ele considera predicativo adjunto, em construções como "*Felizes*, as moças cantavam").

O aposto é explicado quando trata do adjunto adnominal, embora, reconhece, "pode aparecer um aposto a tôda oração ou a todo período" (p. 78). É de se registrar, nesta seção de sua obra, que considera em "Alguém falou", por exemplo, *alguém* como sujeito, mas como sua "expressão nada adianta à idéia", continua arrolando o sujeito representado por pronome indefinido como sujeito indeterminado, e inclui o agente da passiva entre os complementos verbais.

Discorda, já agora da NGB, ao considerar apenas como objeto indireto, posição adotada por Oiticica e Rocha Lima, "o complemento verbal que indica o ser em favor do qual ou em relação ao qual se realiza a ação expressa pelo verbo" (correspondente ao dativo latino, acrescenta), não o confundindo, assim, "com os outros muitos (complementos), sem nomes especiais, mas identificáveis pelas diversas idéias que exprimem: oposição, origem, destino, matéria, etc." (p. 57), em exemplos como "lutar contra alguma coisa", "depender de alguém", etc. (deste modo, em "Vieram *de São Paulo*", tem-se, para ele, no termo grifado, um complemento verbal que indica "procedência").

> A *Nomenclatura*, a meu ver exorbitando, porque inculcou doutrina, e má, sob capa de terminologia, mandou considerar *objeto indireto* quaisquer complementos verbais obrigatòriamente preposicionados [...]
> Pessoalmente, não aceito a doutrina envôlta no nome, porque o objeto indireto é *um tipo* muito marcado [...] de complemento verbal. (p. 56-57)

Refere-se ao aposto da oração e ao vocativo como funções alheias à estrutura da oração: "não pertencem ao sujeito nem ao predicado" (p. 87).

Estudada a estrutura da oração, Melo passa ao estudo do período. Reconhece três processos sintáticos: coordenação, subordinação e correlação, este último já defendido como processo distinto por Oiticica e Rocha Lima. Caracteriza a coordenação sintaticamente como "o paralelismo de funções ou valores sintáticos idênticos" (p. 98). Não restringe, pois, a coordenação às orações, como Rocha Lima já se posicionara, mas a estende a termos que desempenhem a mesma função. Assinala como é errôneo o conceito de que oração coordenada é o contrário de oração subordinada. São esclarecedoras estas suas palavras:

> Portanto, uma oração pode ser ao mesmo tempo coordenada e subordinada: coordenada sob um aspecto [no caso de subordinadas coordenadas entre si], subordinada sob outro. Na oração, *subordinação é conceito de natureza* [relação de dependência entre as funções sintáticas], *coordenação é conceito de acidente, melhor, de situação*. Diremos tudo, salientando que uma oração *é* subordinada e *está* coordenada.
>
> [...] Por sua natureza, repetimos, a oração é independente ou subordinada. Acidentalmente, estará coordenada a

> outra, isto é, posta em seqüência lógica a outra igual a ela. (p. 104)

Estende a subordinação a termos hierarquicamente distintos, um determinante, outro determinado, como o objeto direto e o verbo ou o adjunto adnominal e o substantivo. Dedica várias páginas (113-123) ao processo da correlação, "mais complexo, em que há, de certo modo, interdependência" (p. 113), embora tal processo não tenha sido acolhido pela NGB. Considera Oiticica "o desbravador da matéria".

Melo dedica um outro capítulo às formas nominais do verbo (p. 127-135). Não aceita que se deva falar em *orações reduzidas*, de gerúndio, de infinitivo ou de particípio. Assim, para ele, neste exemplo camoniano, "É fraqueza entre ovelhas ser leão", "ser leão" é sujeito de "é fraqueza", sem apresentar estrutura oracional. Só defende que se deva falar em oração gerundial, quando esta forma nominal do verbo "indica tempo posterior e quando indica efeito de uma causa" (p. 132). Ao final deste capítulo, Melo transcreve quatro estrofes de *Os Lusíadas*, com a observação de que "podem servir para exercícios de aplicação da matéria estudada até aqui" (p. 134), sem que tais estrofes tivessem, por parte do autor, suficientes explicações, em desacordo, pois, com a crítica que faz ao ensino da análise sintática (p. 17). Melo, aliás, em todo o correr de seu compêndio, vale-se sempre de autores consagrados pela tradição, muitas vezes com exemplos longos, de não fácil inteligibilidade, certamente, para os leitores em geral (apesar de sua assertiva: "quem não entendeu o que leu *não pode analisar*"). Por que, então, para exemplificar um *ou*, ou um *logo*, ter de recorrer a períodos longos de Vieira?

Em outro capítulo, Melo considera "alguns casos particulares" (p. 139-146) que oferecem dificuldades aos aprendizes. Assim, trata do *como se* (combinação, segundo ele, que esconde uma oração denunciada pela conjunção *como*); de condensações sintáticas (como a que se observa com o relativo *quem*, quando equivale a *aquele que*); de orações implícitas; do pleonasmo de termos oracionais; da análise da negativa *não* (em "não andar", rejeita para o *não* o conceito de adjunto, para falar de "partícula negativa"); da expressão "é que", dos elementos enfáticos nas exclamativas e dos pronomes pessoais átonos.

Finaliza Melo a sua obra com a apresentação de "modelos de análise sintática" (p. 152-174), úteis para a aplicação da teoria exposta na obra. São oito os períodos escolhidos, sendo cinco de Camões e um de Vieira, precedidos de um esclarecimento para a compreensão dos mesmos.

O *Novo manual* de Gladstone Chaves de Melo bem mereceu o adjetivo *novo* que traz no título: é obra que leva a marca de conduzir os leitores à reflexão, por um intelectual filosoficamente bem formado, nem de longe adepto, deste modo, das classificações mecanizadas. Procura como diretriz central, em seu manual, partir da noção, do entendimento, para a expressão, abrindo, pois, a trilha que seria adotada mais abrangentemente por Othon Moacir Garcia em seu conhecido *Comunicação em prosa moderna*.

2.5. *Lições de português pela análise sintática* de Evanildo Bechara

Em 1960, Evanildo Bechara, que mantém ainda invejável atividade intelectual no estudo do campo da linguagem, lança as suas *Lições de português pela análise sintática*, justificando, em seu prefácio, o título da obra: "Seu mérito está na maneira de aproveitar os conhecimentos da análise sintática como ponto de partida para explicação de numerosos fatos de nosso idioma."

Leva em conta já a Nomenclatura Gramatical Brasileira, embora, às vezes, tenha tomado a liberdade de propor orientação diferente, que lhe pareceu mais acertada.

Discípulo do grande Said Ali, Bechara sempre manifestou pelos estudos sintáticos uma notória preferência. Uma 2ª edição deste seu compêndio sai já no ano seguinte (1961), em que ele manifesta, também no prefácio, o intuito "de transformar, na medida do possível, estas Lições de Português num completo repositório de fatos de sintaxe da nossa língua".

Aborda ainda, neste prefácio, a influência que exerceram sobre ele as leituras de importantes obras de linguistas, como as de Charles Bally, Leonard Bloomfield e Mattoso Câmara.

A obra alcança sucessivas edições até hoje, tendo Bechara, em algumas delas, tido a preocupação de "melhorar o livro em alguns pontos que de há muito vinham destoando de conceitos divulgados pelo avanço dos estudos lingüísticos entre nós", como declara no prefácio da 10ª, de 1976, de que vamos nos valer para tecer comentários sobre este livro. Mas o autor faz questão de realçar que, embora já se contem (referindo-se, sobretudo, ao gerativismo) "reais e importantes progressos no campo da pura conceituação, ainda apresenta ao professor de língua embaraços para sua proveitosa utilização em compêndio escolar". "Por isso", diz em continuação, "preferi bater a mesma estrada que vem percorrendo este livro pelo espaço de dez edições".

Bechara manifesta, assim, o seu desejo de levar em conta certas conquistas da linguística moderna, orientação já adotada na 1ª edição de sua *Moderna gramática portuguesa*, de 1961, como no capítulo II, referente à Morfologia, em que se vale dos "excelentes estudos que a lingüística americana tem feito sobre tão importante capítulo" (prefácio desta obra). Portanto, *Lições* já tem esta marca de originalidade.

Este livro de Bechara, por seu intento, é bem mais abrangente do que os demais compêndios de análise sintática comentados, já que ele não se restringe ao estudo das estruturas da oração e do período. Vamos cingir-nos ao que é objeto de análise de tais estruturas.

Há um capítulo inicial – "Sintaxe: noções gerais" – em que procura conceituar oração, encarada como "unidade do discurso", "sua menor unidade de sentido", encerrando "um propósito definido", por isso se caracterizar pela entoação. Trata, apenas teoricamente, da situação e do contexto, para focalizar, então, a constituição das orações. Considera enunciados como "Sim, Pedro e Fogo!" como orações (p. 15), embora orações de "estrutura menor", por apresentarem pouca importância para a gramática. Ainda neste capítulo, faz breves considerações teóricas sobre a oração na língua falada e na língua escrita, sobre necessidade sintática e possibilidade estilística e, por fim, sobre os tipos de oração (declarativa, interrogativa, imperativa e exclamativa).

O capítulo seguinte é dedicado aos "termos essenciais da oração", quando afirma que "A oração, de modo geral, se compõe de dois termos essenciais: sujeito e predicado" (p. 20). Focaliza aspectos originais, no tratamento da análise sintática, como "a vírgula indicativa da omissão do verbo" ou "a vírgula e a inversão dos termos da oração".

Depois vem o capítulo em que aborda os tipos de predicado (verbal, nominal e verbo-nominal), assentados, de modo geral, na época, no estudo da estrutura oracional.

É do sujeito que trata especificamente no capítulo IV. Menciona as estruturas que servem para indeterminar o sujeito em nossa língua ("Estão batendo", "Vive-se bem aqui" ou "A gente vive bem aqui"). No último exemplo, ainda não distingue sujeito indeterminado de indefinido. Trata das ocorrências textuais em que a oração se apresenta sempre sem sujeito ("Anoitece", "Há bons livros", "Faz cinco anos"). A estes verbos mencionados em tais orações chama de *impessoais essenciais*, pois, "há vários outros que acidentalmente aparecem em construções impessoais" ("basta de férias" ou "chega de sacrifício"). O capítulo contém, como numa gramática, observações normativas do tipo certo x errado ("Haverá prêmios" e "Haverão prêmios").

No capítulo V, é de se destacar o conceito de núcleo do sujeito. Pode-se dizer que, nesta parte da obra, Bechara se detém mesmo é em examinar vários casos de concordância do verbo com o sujeito.

É no longo capítulo VI (p. 42-65) que o autor trata do conceito de complemento ("a expressão que completa o sentido das palavras que não se bastam a si mesmas", p. 42). Distingue os complementos nominais dos verbais. Entre estes menciona o objeto direto e o indireto. Há, na página 45, duas observações importantes. A primeira mostra que, ao dizermos "Amo a meus pais", "a preposição é mero recurso estilístico e sua explicação está em se pôr em evidência a pessoa para quem a ação se dirige". Bechara não se limita, assim, a falar de objeto direto preposicionado. A segunda observação refere-se, como já o fizera Melo, à simplificação com que a NGB fala de objeto indireto, reunindo "sob o título de objeto indireto complementos verbais preposicionados de naturezas bem diversas: *o objeto indireto* propriamente dito, em geral encabeçado pelas preposições *a* ou *para* e que pode ser substituído pelo pronome clítico *lhe, lhes* (*escrevi aos pais*); o *complemento partitivo*, em geral iniciado pela preposição *de* (*lembrar-se* DE ALGUMA COISA) e o *complemento de relação*, também em geral introduzido pela preposição *de* (*ameaçar alguém* DE ALGUMA COISA). Isto nos leva a compreender", conclui, "por que uma oração pode conter dois objetos indiretos como: *Queixou-se* DOS MAUS TRATOS AO DIRETOR (p. 45)".

Bechara, pois, restringe também o conceito de objeto indireto à "pessoa ou coisa que recebe a ação", ou "em cujo proveito ou prejuízo se pratica a ação" ou ainda à "pessoa a quem pertence uma opinião". Com base apenas neste nosso texto, vimos que Oiticica, Rocha Lima e Melo já defenderam tal posição restritiva quanto ao objeto indireto. Focaliza ainda Bechara o predicativo do objeto e os pleonasmos no emprego de pronomes objetivos. Várias páginas deste capítulo são dedicadas a problemas normativos de regência verbal, realçando o objetivo de o autor de não escrever apenas um manual de análise sintática.

O capítulo VII aborda os adjuntos, distinguindo-os em adnominais e adverbiais. Trata detalhadamente dos recursos por que um adjunto adnominal pode ser expresso, o mesmo se dando com os adjuntos adverbiais. Segue-se um estudo dos princípios de concordância nominal (p. 74-78). Para finalizar, detém-se em certas ocorrências dos adjuntos adverbiais, como a omissão, o acúmulo ou a redundância de preposições antes deles.

O capítulo VIII focaliza detidamente as vozes verbais, quando então o agente da passiva é focalizado. Não faltam aqui também considerações de ordem normativa, em que são condenadas algumas construções, como "A missa foi assistida por todos" ou "Os trabalhos foram obstados pela chuva".

No capítulo IX, Bechara estuda o aposto: seu conceito, tipos e o emprego da pontuação com ele. Note-se, pois, o destaque que o autor procura sempre dar à utilização, em vários capítulos, da vírgula em relação a diversas construções sintáticas.

No breve capítulo X, de três páginas, tece algumas considerações sobre o vocativo e outros elementos da linguagem emocional, como o caso das exclamações e das interjeições.

É no capítulo seguinte, o XI, que Bechara entra no estudo do período. Na distinção entre oração independente e oração dependente, adota o critério sintático ou funcional: a primeira não exerce função sintática em outra oração, ao passo que a segunda, ao contrário, exerce função sintática em relação a um termo de outra oração, podendo este termo ter como núcleo um substantivo, adjetivo ou advérbio. Denomina principal a oração de que uma outra vai depender (p. 104).

Quanto à ligação entre as orações, separa-as em conectivas e justapostas, conforme se prendam ou não à anterior por palavras especiais de ligação de que dispõe a nossa língua.

Bechara discute, a seguir, a correlação e a justaposição como processos sintáticos à parte. Ao contrário de Oiticica e de Rocha Lima, que, como vimos, as defendem como processos sintáticos distintos da coordenação e da subordinação, e de Melo, que sustenta a autonomia sintática da correlação, Bechara vê a correlação e a justaposição em plano distinto da coordenação e da subordinação. Ou seja, estes últimos conceitos, para ele, dizem respeito ao valor sintático de *independência* ou *dependência* em que se acham as orações dentro do contexto; já aqueles (a correlação e a justaposição) *se referem ao modo de se ligarem entre si essas mesmas orações* (p. 106).

Logo após, trata o autor das orações independentes e das orações dependentes. O uso da vírgula não deixa de ser lembrado entre as subordinadas adverbiais.

As orações reduzidas são estudadas no capítulo XII. Bechara mostra a divergência entre os estudiosos, em aceitar ou não as orações reduzidas. Explicita que admiti-las "é a opinião seguida pela maioria dos nossos mestres" (p. 153). Dentro desta diversidade de posicionamento, Bechara diz que "preferi adotar neste livro o critério tradicional (o de trabalhar com orações reduzidas) que, além de um padrão de coerência, apresenta, sem dúvida, maior comodidade didática" (p. 154). Saliente-se que o assunto merece na obra em exame um bom detalhamento, com ampla exemplificação. O capítulo não deixa de comentar a aceitação ou não na língua culta de algumas construções como *pedir para, dizer para, para eu fazer* e *é da gente rir*. Trata ainda, entre outros casos, da concordância na locução verbal e do emprego do infinitivo flexionado e sem flexão na locução verbal.

A parte doutrinária da obra é finalizada com um apêndice em que Bechara comenta fenômenos de sintaxe que têm interesse para a análise sintática, como, entre outros, o da elipse, pleonasmo, anacoluto, antecipação, realce.

Há a seguir "modelos de análise" (p. 200-209). Bechara transcreve modelos apresentados por Epifânio Dias, extraídos de sua *Gramática portuguesa elementar*, e por José Oiticica, constantes do seu *Manual de análise*, tendo procurado adaptar os exemplos, em geral, à Nomenclatura Gramatical Brasileira.

Lições de português pela análise sintática finaliza com uma série extensa e variada de exercícios (p. 210-275). Predominam os exercícios classificatórios. Por isso, deve-se enfatizar os que o autor dedica à explicação do emprego da vírgula e os de transformação de estrutura, por se mostrarem mais produtivos, já que mais ligados à atividade de produção textual.

Não se pode negar que, com esta sua obra, Bechara, no concernente ao estudo da análise sintática, escreve o trabalho, até então, mais abrangente publicado entre nós, por isso mesmo uma obra com a mais ampla documentação dos mais variados recursos estruturadores da oração e do período. Não sem razão, pois, é um livro de que ainda muito se têm valido professores e alunos de escolaridade mais avançada.

Ao longo de sua obra, Evanildo Bechara se vale tanto de exemplos de sua autoria quanto de outros colhidos de autores prestigiados pela tradição gramatical.

2.6. *Lições de análise sintática* (*teoria e prática*) de Adriano da Gama Kury

Adriano da Gama Kury conta em sua produção bibliográfica com excelentes obras didáticas, que alcançaram, até hoje, sucessivas edições, como as suas *Lições de análise sintática* (teoria e prática), cuja edição inicial é de 1961. Adota a recém-estabelecida NGB, de que por vezes se afasta por "convicção doutrinária" ou por "necessidade mesma da exposição". Enfatiza ainda na *Advertência* que "A base da copiosa exemplificação está nos autores contemporâneos ou do século passado. Só excepcionalmente nos valemos de autores mais antigos ou de frases nossas", o que já representa uma inovação em relação aos manuais de análise sintática entre nós.

Pode-se dizer que a maior preocupação acadêmica de Kury foi a gramática portuguesa, dela se revelando um estudioso assíduo, apoiado em seguro domínio da doutrina tradicional e em especial capacidade de sistematização dos fatos da língua.

Vamos tentar destacar os pontos mais significativos desta obra no trajeto do estudo e do ensino da análise sintática entre nós.

Ao tratar do sujeito, defende a posição de que em uma oração como "Devagar se vai ao longe", tem-se uma oração sem sujeito, embora reconheça ser "mais vulgarizada, entretanto, a análise como sujeito indeterminado". Assinala, influenciado por Mattoso Câmara, em seu então chamado *Dicionário de fatos gramaticais* (1956), a confusão, em relação ao sujeito, entre os conceitos de "indeterminado" "e indefinido", numa análise antes lógica do que sintática. Assim, diz ele, "ao dizermos "Alguém bateu à porta", o sujeito *alguém* é determinado, embora indefinido", "tão determinado e indefinido como o substantivo *desconhecido* nesta oração: "Um *desconhecido* bateu à porta." (p. 20 da 2ª edição melhorada e aumentada, de 1963).

Sustenta, como o tinham feito um Oiticica e um Rocha Lima, que, citando Nascentes, em "verbos intransitivos de movimento, o complemento de direção não pode ser considerado elemento meramente acessório" (p. 25).

Situa-se ao lado de Sechehaye na ampliação do conceito de verbo transitivo (p. 26): "*pertencer a*, que pede complemento que designa o possuidor, *ir a*, que pede uma indicação de lugar, serão igualmente transitivos."

Mostra que a NGB, sob a denominação genérica de 'voz reflexiva', parece ter querido englobar casos diversos, dos quais faz uma útil sistematização (voz reflexiva propriamente dita, voz medial recíproca, voz medial dinâmica, voz medial pronominal). Do mesmo modo útil se mostra a sua classificação dos verbos auxiliares (p. 36-38).

Na focalização do objeto indireto, ponto gramatical que suscita, como temos visto, controvérsias entre os estudiosos, faz ver que, se seu caráter lógico "é um tanto flutuante", como evidencia através de sugestivos exemplos, é, no entanto, "muito mais nítida (...) a sua característica formal": vem necessariamente (quando representado por nome ou pronome substantivo) regido de preposição sem valor circunstancial e, tirantes os casos como "gosto de música", "consentimos nisso", "recorreu ao dicionário", pode ser representado por *lhe, lhes* (p. 42). Assim, contrariamente às posições assumidas por Rocha Lima e Melo, que, como se viu, limitam o conceito de objeto indireto, Kury sustenta que "a preposição obrigatória sem valor circunstancial é suficiente para a caracterização estrutural dessa função sintática" (p. 43). Eis, pois, Kury, no terreno do formalismo, seguindo aqui a NGB.

No estudo dos termos acessórios da oração, condena, fundamentando, a análise do *lhe* como adjunto adnominal em "Beijou-lhe as mãos", pela sua equivalência a "Beijou suas mãos" ou "Beijou as mãos dela". Alega o gramático que essa equivalência de sentido não é perfeita e que nunca se deve analisar um equivalente; assinala ainda que o caráter de complemento verbal é mórfica e fonicamente nítido: um pronome pessoal átono subordinado foneticamente a um verbo; por fim, faz ver que há diferença de sentido entre "beijar aos mãos dela" (adjunto adnominal) e "beijar as mãos a ela" (objeto indireto) (p. 45).

Exibe extensa classificação dos adjuntos adverbiais, com a observação pertinente de que "Deve o professor aceitar tôdas as que revelem no aluno compreensão inteligente" (p. 46). Ao tratar do aposto, também arrola tipos distintos, focalizando até um que "A maior parte dos autores não arrolam", utilizado por escritores modernos, como neste exemplo de Graciliano Ramos: "Mestre Gaudêncio *curandeiro* gingava" (p. 50). No caso do vocativo, faz notar "que só raramente aparece, como em '*Meninos*, eu vi', independente", segundo em geral se considera. Esclarece que

> na maior parte das vêzes, liga-se a uma 2ª pessoa do discurso, representada seja por um pronome pessoal, reto ou oblíquo, seja por um possessivo ou demonstrativo. (p. 51)

Entre os exemplos mencionados, há este: "MORTE, onde está *tua* vitória?", em que, comenta, o vocativo *morte* se liga ao pronome possessivo de 2ª pessoa *tua*.

Ao entrar no estudo do período composto, Kury afirma que

> Se tôdas as orações de um período são "independentes", isto é, têm sentido por si mesmas, e poderiam, por isso,

> constituir cada uma um período, o período se diz composto por coordenação (p. 53),

adotando, pois, um critério semântico. Já, quanto às orações subordinadas, explica que exercem na oração principal valores funcionais (substantivo, adjetivo ou adverbial) em relação à oração chamada de principal.

O autor focaliza (p. 59) os valores não aditivos assumidos pela conjunção *e*, inclusive, subordinativos. Entre estes últimos, aponta o consecutivo: "Segue o meu conselho e [= que] não te arrependerás." Observaríamos que este valor significativo decorre do contexto, no nível do texto.

No estudo das formas de apresentação das orações subordinadas substantivas, Kury faz a distinção, merecedora de registro, entre desenvolvidas conexas ("Peça-lhe *que* viva"); desenvolvidas sem conectivo ("*Quem* espera, alcança"), que o autor considera "justapostas", isto é, assindéticas, não conjuncionais, sem conectivos; e reduzidas ("Não me agrada lembrar o passado"). Condena o desdobramento do *quem* em *aquele que*, como "processo artificial", numa análise não aceita já por mestres de outras gerações como Said Ali, Sousa da Silveira e Mattoso Câmara. (1963: 62)

Na classificação das orações subordinadas substantivas, arrola as orações com função de agente da passiva, não consignadas pela NGB ("Este trabalho foi feito [por quem entende do riscado"]).

Já na apresentação das orações subordinadas adjetivas, Kury distingue as relativas "Cada qual tem o ar [que Deus lhe deu]", "A esta gente bruta e indomável, [cujo esfôrço vem das crenças de outra vida]" das justapostas, introduzidas por um pronome indefinido, sem antecedente, "Não vemos os defeitos [de quem amamos]", com a observação de que não costumam os manuais referir-se a este tipo de orações. Bechara, em suas *Lições* (p. 119), é dos poucos que o faz. Não deixa de reconhecer as adjetivas reduzidas "Recebi prospectos dos aparelhos [a serem adquiridos]".

As orações adverbiais apresentam-se também, para Kury, como desenvolvidas conexas "A minha energia no estudo não diminuiu com os anos, [como era de esperar]", desenvolvidas sem conjunção, puramente justapostas "[*Há quanto tempo*] não o vejo" ou introduzidos por advérbio com função dentro da oração subordinada "[*Onde* me espetam,] fico" ou ainda reduzidas "Fazia um calor [de torrar os miolos]".

Na classificação das orações causais, recorre a certas distinções práticas para distingui-las das coordenadas explicativas (p. 79-80). Reconhece a existência de adverbiais locativas "Para ir [*onde ela marca*]", que não figuram, para ele, por lapso, na NGB, e também de adverbiais modais, igualmente não arroladas pela nomenclatura oficial "Em casa estudo à vontade, [*sem que ninguém me perturbe*]", "Cavalguei [*sem dizer palavra*]" e "O ladrão abriu a porta [*servindo-se de gazua*]".

A correlação não é apresentada, por Kury, como um processo sintático independente da coordenação e da subordinação, mas como uma forma especial de ocorrência tanto de orações coordenadas quanto de subordinadas: "Quincas Borba *não só* estava louco, *mas* sabia que estava louco", "Sabe-o o leitor *tão* bem *como* eu sei", "O choque foi tão tamanho *que* me senti vazio de cérebro", "*Quanto mais* se agitava, *mais* prêso na rêde ficava".

O último capítulo das *Lições* de Kury é dedicado a "problemas e fatos sintáticos de interesse para a análise" (p. 101-106). Focaliza fenômenos como os da haplologia, pleonasmo, anacoluto e silepse, e detém-se na análise de enunciados fixos como "Era uma vez um rei", "Eis que" e "Tomara que" e, por fim, de termos vicários.

O manual apresenta, ao seu final, muitos modelos de análise sintática (p. 67), quatro quadros sinópticos, bem reveladores da preocupação de um excelente sistematizador, e numerosos exercícios de aplicação, seguidos da solução dos mesmos.

O livro de Adriano da Gama Kury representou um marco inegável na progressão do estudo e do ensino da análise sintática entre nós. Além da sua já reconhecida capacidade de sistematização e exposição didática, o autor tece comentários, sempre bem-fundamentados linguisticamente, sobre algumas estruturas e classificações sintáticas, como o da distinção entre sujeito indeterminado e sujeito indefinido. Assim, e sabe-se que ele recebeu confessada influência de Mattoso Câmara, insiste também, por exemplo, em que "a análise sintática é estrutural, não histórica", "Que importa, para a análise da estrutura da frase, que umas remontem ao latim, e outras tenham formação românica?" (p. 93).

2.7. *Comunicação em prosa moderna: aprenda a escrever, aprendendo a pensar* de Othon Moacir Garcia

Como última obra que se selecionou, nesta breve história dos manuais que trataram, entre nós, do estudo e do ensino da análise sintática, vem a conhecida *Comunicação em prosa moderna*: aprenda a escrever, aprendendo a pensar, de Othon Moacir Garcia, cuja primeira edição é de 1967. Garcia tem importantes publicações não só no campo da crítica e da análise literária, mas também no da tradução.

O livro tem merecido sucessivas edições e é citado, ainda hoje, em inúmeros trabalhos acadêmicos, particularmente nos concernentes à linguística textual, de que, na verdade, ele foi pioneiro entre nós.

O autor faz questão de ressaltar, logo na Advertência, que a longa Primeira Parte do livro, "*A frase*", mais especialmente os seus primeiros capítulos (p. 9-92), em que estuda a frase do ponto de vista de sua estrutura sintática, não é

> mais um manual de análise sintática, o que não significa seja esta inútil ou execrável. Tanto não é inútil, que muitas apreciações sobre a estrutura da frase não puderam dela prescindir em certa medida.

E é justamente em parte desta primeira parte da obra que Garcia, embora não visando a tal, redimensiona, pode-se dizer, o estudo e o ensino da análise sintática vigente então entre nós. Não se omita, contudo, que *Comunicação em prosa moderna* é obra bem mais abrangente em seus objetivos do que um compêndio de análise sintática ou mesmo de uma gramática. Norteou a sua elaboração a preocupação de "dar aos jovens uma orientação capaz de levá-los a pensar com clareza e objetividade para terem o que dizer e poderem expressar-se com eficácia". Daí se deter desde o estudo da frase à preparação dos originais de um texto escrito, tratando, em seu longo trajeto, do vocabulário, do parágrafo, da eficácia e falácias da comunicação, de pôr ordem no caos, de como criar ideias, do planejamento ou tipos de textos e da redação técnica, finalizando com uma longa série de exercícios sobre os principais aspectos tratados na obra.

O primeiro ponto a ser destacado na parte da obra de Garcia que focaliza pontos da análise sintática é o relativo aos dois processos básicos da estruturação (capítulo 2) que envolvem o plano sígnico da língua: a coordenação e a subordinação. O autor firma com clareza esta distinção, com base no critério funcional, opondo as noções de encadeamento e de hierarquização, ou seja, entre "um paralelismo de funções ou valores sintáticos idênticos" ou "desigualdade de funções e de valores sintáticos [...] em que o enlace entre as orações é muito mais estreito do que na coordenação" (p. 16-17). Garcia atém-se ao nível da relação entre as orações.

O autor defende, no entanto, no tocante às coordenadas, a orientação de que se pode constatar entre elas uma dependência semântica ou lógica, quando não gozam de autonomia de sentido. Quer dizer, embora gramaticalmente coordenadas, seriam psicologicamente subordinadas. Para ele, então, observa-se também dependência semântica na coordenação, salvo, apenas, talvez, no que diz respeito às conjunções "e", "ou" e "nem" (p. 20).

Bittencourt (1988: 146-147) condena este posicionamento de Garcia, evocando, a propósito, a crítica de Mattoso Câmara:

> [...] segundo ele, a noção de coordenação não deve estar vinculada à de sentido completo ou, o que vem a dar no mesmo, à noção de "autonomia de sentido" [...] uma vez que todas as orações de um período dependem, do ponto de vista semântico, uma das outras e a expressão do que se encontra na intenção do falante só é possível com a compreensão do todo de que as orações fazem parte. Desta forma, até mesmo as orações assindéticas possuem uma relação de dependência no plano semântico e, cada uma, por si só, não tem "sentido completo", mas, ao contrário, a oração antecedente prepara sempre a compreensão da oração subseqüente.

Mattoso Câmara (2004: 110) apresenta o seguinte exemplo elucidativo, comentando-o: "olhei para o céu, vi-o cheio de nuvens, apanhei o guarda-chuva" – só vi as nuvens, porque olhei para o céu e só apanhei o guarda-chuva porque vi as nuvens; "apanhei o guarda-chuva", apenas, não dá o sentido completo do que se pretende comunicar e muito menos qualquer outra das orações anteriores. Em – "disse mas mentiu", a ideia adversativa "mas mentiu" seria inoperante sem a oração "disse".

De modo que o linguista brasileiro não poderia estar de acordo com o exemplo dado por Garcia (p. 22): "O dia estava muito quente e eu fiquei logo exausto", quando o autor afirma estar apenas ante uma coordenação sintática mas não semântica. A relação de causa e efeito aí ocorrente entre as duas orações é decorrência do contexto, não havendo um marcador formal que caracterize a segunda oração como subordinada, pois o significado invariante do *e*, no nível da língua, é o de um conector aditivo, que serve para ligar simplesmente dois termos de idêntica função, e é este significado que vai possibilitar que ele assuma matizes significativos outros, em contextos diversos, de acordo com a relação que estabelece entre os membros significativos coordenados. Não nos parece, pois, adequada a denominação de "falsa coordenação" empregada por Garcia no tocante a tais ocorrências textuais.

Mas neste capítulo, em que focaliza os processos sintáticos, são de inegável validade os itens em que trata da "coordenação e ênfase", da "coordenação, correlação e paralelismo", "paralelismo rítmico" e "paralelismo semântico", tópicos que não encontramos comentados nos manuais de análise sintática que conhecemos. Observa ele, por exemplo, que, do ponto de vista estilístico, o paralelismo ou simetria de construção ("a idéias similares deve corresponder forma verbal similar") parece mais aceitável, tanto na coordenação quanto nas orações subordinadas, coordenadas entre si ("Estamos ameaçados de um livro *terrível* e *capaz* de lançar o desespero nas fileiras literárias" e "Não saí de casa *por estar chovendo* e *por ser ponto facultativo*"). Enfatiza, todavia, que a não adoção do paralelismo não impede que a construção seja vernácula, inatacável ("Estamos ameaçados de um livro *terrível e que pode lançar* o desespero nas fileiras literárias" e "Não saí de casa por estar chovendo e porque era ponto facultativo"). Mostra também a força estilística do paralelismo em ocorrências correlativas ("Não saí de casa não só por estar chovendo mas também por ser ponto facultativo"). Paralelismo, em suma, orienta Garcia (p. 31-33), como forma de construção simétrica, acarreta implicações não só gramaticais mas também estilísticas, como no caso de frases ou segmentos delas que tenham a mesma duração, além de ritmo ou cadência igual, como neste trecho de Vieira (*apud* Garcia: 31):

> Se os olhos vêem com amor, o corvo é branco; se com ódio, o cisne é negro; se com amor, o demônio é formoso; se com ódio, o anjo é feio; se com amor, o pigmeu é gigante.

Este capítulo segundo finaliza com oportunos comentários sobre a falta de paralelismo semântico, em construções gramaticalmente paralelas, tão frequentes na poesia e na prosa modernas, sobretudo naqueles autores "de cuja obra transpiram ironia, sátira ou humor, como no exemplo dado de Machado de Assis, em *Memórias Póstumas de Brás Cubas*: "Marcela amou-me durante quinze dias e onze contos de réis." (*apud* Garcia: 33).

Mas é sobretudo nos capítulos 3 e 4 que o livro de Garcia se apresenta como um verdadeiro redimensionador do ensino da análise sintática, no seu valor de meio para desenvolver a eficácia linguística, ou seja, para contribuir na formação de leitores e produtores textuais mais proficientes. No capítulo 3 (p. 35-49), ele examina, com fina acuidade linguística e estilística, a escolha e a posição da oração principal dentro do período, fatores que, ele mostra com exemplos expressivos, não parecem ser de ordem aleatória.

Já no capítulo 4 (p. 50-92), Garcia estuda a análise sintática e a indicação das circunstâncias, em moldes também pioneiros, agrupando-as em áreas semânticas. Assim, para efeito de ilustração, ao estudar a área semântica de causa (p. 52-57), ele mostra como tal circunstância pode expressar-se, a começar pelo vocabulário ("Fazem parte da mesma área semântica aquelas palavras que, em determinada situação ou contexto [...] venham a ter sentido equivalente") e, depois, pelos mais variados recursos sintáticos. Como o próprio Garcia reconhece, "*a nossa tomada de posição é diversa da tradicional: procuramos ensinar a estruturar a frase, partindo das idéias e não das palavras (como é hábito no ensino estritamente gramatical*") (p. 11) (grifamos). Ao focalizar os recursos que expressam causa, Garcia explicita uma série de procedimentos de inegável valor estilístico, como os que propiciam traduzir maior relevo, seja pela anteposição do adjunto adverbial de causa à oração principal ("Por se negar a prestar depoimento, o jornalista acabou sendo prêso"), seja pelos torneios para indicar exclusão de uma causa ("Foi prêso *não* por ser culpado, mas por se negar a prestar depoimento") ou gradação entre causas ("Foi prêso não *tanto* por ser culpado, *quanto* por se negar a prestar depoimento").

> O método é, assim, como que *irradiante* nas suas implicações: de um centro de interêsse (causa), por exemplo, se passa a outro, concêntrico ou aparentado (de causa para conseqüência, de conseqüência para fim, de fim para conclusão). (p. 51)

Não escapa ainda de Garcia, nesta primeira parte de sua obra, o tratamento que dispensa à *feição estilística da frase* (p. 93-117). Justifica tal estudo pelo critério adotado de desenvolver todas as ideias relacionadas por associação (assim, a ideia de oposição, implícita nas orações concessivas, leva à antítese, e a de comparação e de orações comparativas, à de metáfora e outros tropos) e ainda por mostrar "os recursos da linguagem" com a finalidade de permitir ao estudante familiarizar-se "com todas as suas variedades" (p. 6-7).

A última parte do livro de Garcia é dedicada a "exercícios", numerosos (p. 423-509) e bem diversificados. São de especial interesse, no tocante à análise sintática como meio para desenvolver a competência linguística, os relativos ao paralelismo gramatical, à organização de períodos, à subordinação enfadonha e à indicação das circunstâncias.

Não há como negar que *Comunicação em prosa moderna*, ainda que não seja um manual de análise sintática, reitere-se, é uma contribuição relevante para que o ensino desta deixe de ser mecanizado, com uma preocupação predominantemente classificatória. É obra que tem como objetivo precípuo levar o aluno a pensar com clareza e objetividade, a expressar com coerência e eficácia as ideias a serem manifestadas e, ainda, a facilitar a compreensão das mensagens contidas em cada período relacionadas aos recursos formais empregados.

3. À GUISA DE SÍNTESE

Ao fim da leitura a que se procedeu dos sete manuais que tratam do estudo da análise sintática, o primeiro deles da década de 1920 e os últimos, da de 1960, pode-se chegar a algumas constatações, com certas inevitáveis repetições de comentários já feitos. Selecionamos as que se seguem.

1) Ao longo do período do século passado examinado, foi-se sedimentando, gradativamente, uma técnica da análise sintática, com certa homogeneidade, entre nós, com algumas mudanças de conceitos e de classificações de um autor para outro (e até de um mesmo autor em edições distintas de suas obras) e com novas construções gramaticais tornando-se objeto de estudo. Não se ignora que várias estruturas sintáticas geraram discordância analítica entre os estudiosos. Não há dúvida, contudo, de que os compêndios focalizados se enquadram dentro de uma orientação que se costuma chamar tradicional, haja vista as datas de publicação, a bibliografia, então, por eles utilizada, em suma, uma análise pré-estruturalista, embora tal corrente linguística, iniciada por Saussure, já se faça presente em uma ou outra observação, como nas *Lições* de Bechara e nas de Kury. O certo é que uma forte tradição gramatical se constituiu em nosso ensino da análise sintática, e é ela que ainda hoje o alicerça, não obstante, nos dias atuais, alguns novos conceitos, já sedimentados, com seus respectivos termos, ocorram em livros que visam à formação do professor de Português (como, entre tantos outros, sintagma, tópico, nominalizador e transpositor). Mas é a análise sintática tradicional que está ainda presente em nossos livros didáticos, de modo, pode-se dizer, generalizado, entendendo-se por *tradicional*, reitere-se, o que ainda não se coaduna com a corrente linguística (o estruturalismo), iniciadora da ciência da linguagem moderna, nos inícios do século XX.

2) A análise sintática que se firmou ao longo da tradição do nosso ensino de Português, como o exame dos manuais aqui comentados mostra, com exceção flagrante da obra de Garcia, que não é um livro voltado especificamente para a análise sintática, e de algumas oportunas observações do manual de Bechara, relacionando análise e produção textual, é de uma análise fundamentalmente classificatória, com a sabida consequência da supervalorização do ensino da metalinguagem.

3) A classificação de sujeito foi-se alternando significativamente, desde a sua distinção entre sujeito lógico e sujeito gramatical até o reconhecimento de orações sem sujeito, constituídas só de predicado, a partir de Rocha Lima. Com Kury, por influência de Mattoso Câmara, orações como "Alguém bateu à porta" não são consideradas de sujeito indeterminado, uma vez estabelecida a diferença entre indeterminado e indefinido. Não se ignora, no entanto, que a definição de sujeito da tradição gramatical apresenta-se nada consistente. (Perini, 1985: 12-18)

Também o predicado tem a sua classificação firmada em verbal, nominal e verbo-nominal (ou misto), a partir de Rocha Lima, embora estudos atuais a contestem, como o de Bechara, na nova edição de sua *Moderna gramática portuguesa* (1999: 426), que fala na desnecessidade de manter-se esta distinção tripartida, sob o argumento que "Toda relação predicativa que se estabelece na oração tem por núcleo um verbo".

4) O objeto indireto suscitou, e ainda suscita, muitas controvérsias. Para alguns estudiosos (Oiticica, Rocha Lima e Melo), ele restringe-se às construções nominais precedidas da preposição *a* e, às vezes, *para*, construções que traduzem "a pessoa ou coisa a que se destina a ação, ou em cujo proveito ou prejuízo ela se realiza", podendo ainda tais construções corresponderem à forma pronominal *lhe*(*s*). Para os outros complementos verbais, sem ideia circunstancial, falam de complemento relativo (Rocha Lima) ou mesmo de complemento verbal sem nome especial (Melo). Depois da NGB (1959), que recomenda

chamar de objeto indireto também estes outros complementos verbais, Bechara comenta, como se viu, a "simplificação com que a NGB fala de objeto indireto", e Kury, embora adotando a posição da nomenclatura oficial, reconhece que "não se fez ainda, em nossa língua, o estudo definitivo que está por merecer o objeto indireto" (p. 43). Está-se, pois, ainda num terreno de claras divergências.

5) Autores, como Rocha Lima, distinguem complemento circunstancial ("Ir a Roma", "Morar em Paquetá") do adjunto adverbial, este não "indispensável à integridade predicativa do verbo" ("Dar-lhe-ei o livro *amanhã*", "Lerei seu romance *na próxima semana*"). Bechara, ao tratar dos complementos verbais, em nota de rodapé, dirigida ao professor, esclarece com precisão:

> Diante de expressões do tipo *Irei à cidade* e *Voltei do trabalho*, tínhamos a rigor de falar em *transitivos adverbiais*, isto é, os que pedem como complemento uma expressão adverbial. Contra o conceito de *complemento*, a *Nomenclatura Gramatical Brasileira* arrola tais casos entre os *adjuntos adverbiais*. A incongruência se torna mais patente quando classificamos em: *Ida à cidade*, *Volta ao trabalho*, *à cidade e ao trabalho* como *complementos nominais*. (p. 44)

6) No tocante ao adjunto de valor adjetivo, o que se deu de mais relevante foi a passagem das várias designações que recebia (adjunto adjetivo, adjunto atributivo, adjunto limitativo, adjunto restritivo), às vezes, com distinção entre elas, para um único termo, graças à ação unificadora da NGB: adjunto adnominal, adotada nas obras de publicação posterior à nomenclatura oficial.

7) Os processos de estruturação do período composto considerados fundamentalmente foram o da coordenação e o da subordinação. A distinção entre eles se calcou em critérios distintos nos autores estudados: ora se valem do critério mórfico,

como Nascentes, que fala, de início, em orações separadas por justaposição (= assindetismo) ou por conjunções coordenativas no período composto por coordenação, e em orações já separadas por conjunções subordinativas ou por pronomes relativos, no período composto por subordinação; ora recorrem ao critério semântico, como Oiticica, que menciona a construção com orações que têm sentidos independentes, no período coordenado, e oração que só tem sentido inteligível unida a uma outra, chamada de principal, no período subordinado; ora, por fim, explicitam que a distinção entre coordenação e subordinação se apoia no critério funcional, que é o critério que acaba por prevalecer, adotado por Rocha Lima, Melo, Bechara e Garcia (coordenação como paralelismo de funções ou valores sintáticos idênticos, e a subordinação como a relação de dependência entre as funções sintáticas). Kury também adota o critério funcional (p. 55-6 e 66), embora, de início (p. 53), tal posição não fique clara, pois fala, em relação, por exemplo, ao período composto por coordenação, em orações "independentes", isto é, que têm sentido por si mesmas (p. 54).

Em geral, os processos da coordenação e da subordinação são focalizados no nível do período composto, entre orações, por conseguinte. Melo, no entanto, ao caracterizar a coordenação, esclarece que:

> coordenam-se dois ou mais sujeitos, dois ou mais complementos do mesmo verbo, dois ou mais adjuntos do mesmo substantivo, dois ou mais apostos circunstanciais do mesmo sujeito, dois ou mais agentes da passiva, dois ou mais complementos nominais (...) (p. 98)

A mesma observação é feita no tocante à subordinação: "Em toda oração normalmente constituída há necessariamente pelo menos um elo subordinativo, o que prende ao sujeito o predicado. Mas quase sempre há muitos outros" (p. 104), como o objeto direto que se subordina ao verbo, o adjunto adnominal ao substantivo, o adjunto adverbial ao verbo.

8) Dois outros processos de estruturação do período são considerados por alguns dos autores estudados em seus compêndios: a correlação e a justaposição. Quanto ao primeiro, Oiticica se apresenta como seu grande defensor ("Insisto, pois, na necessidade de considerar-se a correlação processo de composição do período diferente da coordenação e da subordinação", p. 246). Seguem-no Rocha Lima e Melo (a "paradependência" ou "interdependência" de orações). Já para outros autores (Bechara, Kury e Garcia), a correlação não é entendida como processo sintático à parte, mas ao modo especial de se ligarem entre si as orações.

A justaposição, como processo sintático distinto, é adotada apenas por Oiticica e Rocha Lima. Para Rocha Lima, na justaposição, "as orações são independentes quanto à forma, porém profundamente entrelaçadas pelo sentido" (p. 69), dando, como primeiro exemplo, "Este casamento, ponderou o velho, é uma imprudência". E observa: "Não há conjunção entre elas, mas ambas são indispensáveis para a manifestação una do pensamento." Para outros autores, como Kury (p. 62-63), o que se tem, em exemplos tais, é um período composto por subordinação, interpretando a justaposição como uma ocorrência de falta de conector, uma apresentação, pois, formal de uma oração subordinada.

9) As orações reduzidas não receberam tratamento igual entre os autores estudados, embora aceitas pela maioria. Melo a elas se opõe, fazendo, entretanto, certas concessões em construções focalizadas anteriormente, durante a leitura a que se procedeu de suas principais posições no campo da análise sintática.

10) As obras publicadas posteriormente à NGB, em suas edições iniciais, ou em edições revistas, como foi o caso do *Novo manual* de Melo, em princípio a adotaram, mas com ressalvas, maiores ou menores. Melo chega a se insurgir contra ela, "porque inculcou doutrina". Bechara discorda da NGB, por exem-

plo, em aspectos pontuais, por ter generalizado o conceito de objeto indireto e por não ter considerado as orações adverbiais modais. Kury, por sua vez, não só comenta a omissão das adverbiais modais, mas também a das locativas, além de falar em orações desenvolvidas sem conectivo ("Quem espera alcança"). Assim, em "Quem espera alcança", a oração "quem espera" exerce a função de sujeito no período citado, logo, uma subordinada substantiva subjetiva, introduzida por um *quem*, não conector, sujeito que é de *espera*. Quando focaliza a omissão das adverbiais modais, chega a comentar: "Parece-nos, pois, de tôda conveniência, rever, neste como noutros pontos, a NGB."

11) O processo de desdobramentos (por exemplo, de um pronome indefinido), com análise da frase resultante, vai sendo censurado pelos autores estudados, como processo artificial e aleatório; "as orações subordinadas devem classificar-se pela sua função no período", adverte Kury (p. 62). Vimos que o próprio Nascentes, em seu livro *Dificuldades da análise sintática* (1959), já se mostra também contrário aos desdobramentos ou subentendimentos: "Deve-se analisar o que está no texto e não os sucedâneos."

12) Sugestiva e útil a contribuição de Bechara nas observações que faz a propósito do emprego da vírgula em certas construções sintáticas, realçando, assim, a importância deste sinal de pontuação para a prática da análise sintática. Focaliza, então, a vírgula indicativa da omissão do verbo, a vírgula com objetos pleonásticos, com o adjunto adnominal, com o aposto e com as orações subordinadas adverbiais.

13) De modo geral, a exemplificação selecionada pelos autores estudados é extraída dos clássicos, a partir de Camões até os escritores dos inícios do século XX, na verdade, o "corpus" da nossa tradição gramatical. Kury já se vale prevalentemente de escritores contemporâneos ou do século XIX. Há também muitos exemplos produzidos pelos próprios autores dos manuais.

14) A maioria dos compêndios não deixa de focalizar certas construções de valor expressivo ou estilístico, ou em capí-

tulos isolados (como Rocha Lima) ou em observações ao longo da obra.

15) O livro de Garcia, por não ter como finalidade precípua a análise sintática, mas um alcance bem mais amplo, o "de oferecer ao estudante meios e métodos de desenvolver e disciplinar sua capacidade de raciocínio", para ter o que dizer e poder expressar-se com eficácia, distingue-se, pois, e muito, de todos os demais. Por isso, faz questão seu autor de enfatizar que, ao estudar a frase, ao longo da primeira parte do seu livro, sob o ponto de vista de sua estrutura sintática e da sua feição estilística, "não visa, de forma alguma, ao ensino da análise sintática ou lógica, embora aí se assentem algumas das suas lições". Seu intento foi mostrar "os recursos da linguagem" a fim de permitir ao estudante familiarizar-se "com todas as suas variedades". Ao tratar também da feição estilística da frase, o propósito foi o de apresentar e comentar alguns padrões válidos no português moderno. De modo que na obra de Garcia não se encontra preocupação de sistematização das funções sintáticas e da classificação de orações. E mais, como ele próprio esclarece, a "nossa tomada de posição é diversa da tradicional: procuramos ensinar a estruturar a frase, partindo das idéias e não das palavras" (p. XI). Portanto, partindo da noção para a expressão. "Êsse método salienta-se sobretudo nos tópicos referentes à indicação das circunstâncias." Como se pode constatar, então, Garcia, ao contrário dos seus antecessores no estudo e ensino da análise sintática, parte, em muitos exemplos do texto, considerado em seu contexto, e realçada a intenção enunciativa do autor. Daí ser um pioneiro, entre nós, da linguística textual. A rigor, ele é que se situa, no capítulo inicial do seu livro, no terreno da análise, por ter como objeto de estudo o texto, *como as unidades da língua aparecem nele combinadas*, não podendo, deste modo, desconsiderar o contexto, logo, o estrato semântico do sentido.

A chamada análise sintática faz parte da análise gramatical. Os compêndios chamados de análise sintática são, a rigor, de descrição sintática, já que intentam sistematizar como as unidades da língua podem combinar-se. A descrição se situa no nível da língua, focalizando, desse modo, o estrato semântico do significado, da invariante significativa, pois independe do contexto. Por exemplo, numa frase como "Segue o meu conselho, e não te arrependerás", a descrição sintática nos levará a classificar a segunda oração como coordenada sindética aditiva. No nível da língua, uma oração introduzida por um *e* terá sempre a mesma classificação. Sem o estrato semântico do significado (invariante) não seria possível descrever-se a língua, em qualquer de suas variedades. Quando um manual que focaliza as classificações oracionais observa, e tal se dá esporadicamente, que a segunda oração da frase acima tem um valor consecutivo, isto é, um sentido consecutivo, já estará entrando então no terreno da análise sintática, considerado o contexto em que ela ocorre. Autores como Bechara e Kury fazem algumas observações que se situam no nível mesmo da análise, portanto, do sentido. Bechara, por exemplo, em relação aos valores semânticos da conjunção *sem que* (p. 142), e Kury, no tocante às acepções textuais da conjunção *e* (p. 59). As distinções entre descrição e análise e entre significado e sentido pertencem ao ideário linguístico de Coseriu (1980: 100-117) e serão mais comentadas na segunda parte desta obra.

Esta segunda parte, que tem como objetivo sugerir um redirecionamento para o ensino da análise sintática, sofrerá, há de se ver, uma inegável influência da obra de Garcia, embora se valendo de uma fundamentação linguística própria, pela orientação dela conduzir este ensino como um meio de inegável validade com vistas a uma maior eficácia da atividade linguística dos alunos, quer na prática da leitura, quer na prática da produção textual.

PARTE II:
A análise sintática no ensino de Português: redirecionamento

Quando o ensino se baseia num programa, os professores das diferentes disciplinas se tornam detentores do saber. Eles sabem o que vão ensinar. Mas quando a aprendizagem acontece em torno de um objeto ou projeto, o professor deve estar preparado para o seu próprio não-saber. O professor se vê, de repente, diante do não conhecido. Terá de aprender a dizer: "Isso eu não sei." Aqueles que não suportam a insegurança, é claro, preferirão continuar a dar os programas de sempre.
(Rubem Alves)

1. UMA ANÁLISE SINTÁTICA ESTÉRIL E ENFADONHA

Enfatizou-se, na primeira parte desta obra, que a análise sintática foi, ao longo do século passado, e continua a ser, com base no testemunho colhido de muitos professores, o conteúdo hegemônico das aulas de Português, ao lado do ensino das classes de palavras, a ponto de figuras de prestígio acadêmico (Mattoso Câmara e Othon Moacir Garcia, entre outros) chegarem a condenar, com certa veemência, tal orientação, por ter passado a ser um fim em si mesmo. Saber português, então, em grande parte, era, e, talvez, em certa medida, seja ainda, dentro desta orientação de ensino, dominar os percalços da análise sintática e sua metalinguagem, na contramão até das recomendações contidas em documentos oficiais, que destacam o primado que o estudo do texto (sua leitura e produção), de vários gêneros e tipos, deve ter no ensino do vernáculo.

Sem dúvida, que esta verdadeira obsessão pela análise sintática favoreceu a ênfase atribuída à metalinguagem, porque estimulava as classificações mecanizadas (tornar os alunos exímios etiquetadores!), sem quase atentar para o plano das ideias, da compreensão das orações e dos períodos. Está claro que este ensino não pode ser relacionado com uma prática fundamentada, eficaz e produtiva do ensino da língua.

O recurso à memorização tornou-se flagrante, como a dos conectores das orações adverbiais, por exemplo, ou a de estruturas propiciadoras de certas orações subjetivas ("É preciso", "Convém", "Conta-se", "Ficou provado") ou, então, o da mera constatação da presença ou não da vírgula para dizer se as orações adjetivas são explicativas ou restritivas, sem levar em conta a distinção sintático-semântica ocorrente entre elas.

No caso das orações adverbiais, os alunos "aprendem" a identificar uma oração como concessiva, por ser introduzida por um "embora", sem compreender o que é concessão e identificar seu valor na área semântica da oposição; ou vêm a reconhecer uma oração consecutiva, quando, na anterior, ocorrem termos que traduzem intensidade como *tal*, *tão* ou *tanto*, sem considerar a relação das ideias de causa e consequência. Deixa-se passar a oportunidade de se discutir a noção de causa presente na oração principal, em que também pode ocorrer a de consequência ("Choveu tanto que não saí de casa" ou "Não saí de casa, porque chovia muito"), respectivamente, eliminando, assim, falsas identificações, como a ideia de consequência com a sua expressão através apenas de orações consecutivas. Essas classificações mecanicamente processadas representam, na realidade, uma negação da utilidade que a análise sintática pode ter no ensino da língua.

O estudo do predicado é outro ponto em que a preocupação classificatória predomina: assim, em "A menina saiu da sala" e "A menina saiu satisfeita", o objetivo pedagógico concentra-se em dizer que, na primeira das orações, o predicado é verbal, e verbo-nominal na segunda, em razão das funções sintáticas "da sala" (adjunto adverbial) e "satisfeita" (predicativo do sujeito), sem ressaltar que a natureza distinta desses termos provoca uma mudança de sentido do verbo *sair*, fato relevante para a compreensão das orações.

Um outro reducionismo frequente no ensino da análise sintática é o de ele se processar através de exercícios com base em frases soltas, criadas pelo professor ou pelo manual didático, faltando, muitas vezes, a tais frases um contexto, para melhor apreensão do valor semântico dos termos das orações e das orações nos períodos, recurso que privilegia também a mecanização classificatória.

Os nossos manuais da análise sintática, como os que examinamos na primeira parte desta obra, têm preocupação primordialmente classificatória, com algumas observações de ordem normativa, exceto o livro de Garcia (1967).

Já se focalizou, aqui, na última observação feita na parte inicial, que o ensino da análise sintática, costumeiramente, confunde nível da descrição (o como se podem combinar as unidades da língua), escopo de toda gramática descritiva, com ou sem intenção normativa, inclusive de um manual impropriamente chamado de análise sintática – deveria ser de "descrição sintática", pois *sistematiza* termos e tipos oracionais –, com nível da análise (o como estão combinadas tais unidades em um determinado texto, ainda que de maneira menos usual). Assim, em exemplos como "Sua fala foi dura, mas bem recebida" e "Queria que meu filho fosse professor, mas de Português", ambas as orações com *mas* são, no nível da língua, da descrição, coordenadas adversativas, com seu significado invariante; contudo, já no nível do texto, da análise, mesmo isoladas de um contexto mais abrangente, pode-se notar, pelo valor semântico de certos termos presentes, que, na primeira das orações adversativas, tem-se a ideia, o sentido de "compensação", o que não acontece na segunda das orações adversativas, em que já se manifesta um valor, ou sentido, de limitação, especificação. Em outros contextos, aparecerão diferentes valores semânticos, ou sentidos, para as orações com *mas*, essenciais para a compreensão cabal de certas ocorrências textuais.[1]

Outro exemplo apenas que mostra a importância da distinção entre descrição (plano da língua) e análise (plano do texto), ocorre em: "Ele não vai à igreja, nem ao menos reza." Uma gramática descritiva classificaria a segunda oração do período como coordenada sindética aditiva; no nível do texto, entretanto, considerado o entorno verbal, com a presença de "ao menos", não há como não levar em conta o valor semântico de reforço da noção de exclusão ou privação.[2]

Pode-se constatar, então, que a análise não deve deter-se no reconhecimento das construções sistematizadas pela gramática,

---

1 Para os valores semânticos do *mas*, consultar NEVES, 2000: 757-770.

2 Para os valores semânticos do *nem*, consultar NEVES, 2000: 751-755.

ou por um manual de descrição sintática, mas apreender as acepções, os sentidos, expressos por tais construções nos textos em que concretamente ocorrem. Em outras palavras: a análise não pode deixar de ter a preocupação de explicar, com propriedade, certa passagem textual, o que com ela o falante procurou manifestar. No exemplo acima mencionado, "Ele não vai à igreja, nem ao menos reza", não será suficiente falar em oração aditiva (adição de segmentos negativos), deixando de se considerar, em nível do texto, a noção de reforço da ideia de exclusão ou privação, noção já ausente em "Ele não vai à igreja, nem reza".

Conclui-se, então, que a análise sintática, devidamente situada no nível do texto, objetivando a apreensão dos sentidos das construções em seus contextos verbais, passará a ser um instrumento certamente eficiente no ensino da língua, em franca oposição ao exercício quase mecânico, tradicionalmente adotado em nossas escolas, contribuindo, efetivamente, para a formação de um leitor e de um produtor textual mais consciente.

Contra o ensino da análise sintática utilizado em certas práticas equivocadas, por improdutivas, como a obsessão classificatória e a desconsideração do contexto, é que este livro intenta apresentar outros caminhos, ou redirecionamentos; não absolutamente novos, mas muito pouco explorados, e com certeza mais úteis como meio para uma atividade docente mais eficaz e um agir linguístico mais produtivo do alunado.

2. O LUGAR DA ANÁLISE SINTÁTICA NO CAMPO DO ESTUDO DA LINGUAGEM E SUA UTILIDADE NO ENSINO

Uma das mais abrangentes e fecundas contribuições da obra científica do grande linguista romeno Eugenio Coseriu foi o estabelecimento da extensão do conceito de competência linguística. "¿Qué comprende la competencia, es decir, el saber que aplican los hablantes al hablar?", indaga ele, no início de seu livro *Competencia lingüística: elementos de la teoría del hablar* (1992: 11), em que irá tratar mais desenvolvidamente de tal complexo problema, analisando as investigações realizadas ao longo dos tempos e expondo sua própria teoria.

Mostra-nos ele a inter-relação, no falar, entre os conhecimentos linguísticos e extralinguísticos, além da necessidade de saber construir textos. Assim, ao defender um conceito de competência que é sempre plural, heterogêneo, evidencia que o falar, ou seja, o saber prático de que os falantes fazem uso, em sua atividade significativa e comunicativa, não se reduz apenas ao conhecimento das regras de uma língua determinada, mas comporta três níveis de conhecimento: um nível universal, um nível histórico e um nível individual. "A linguagem é uma atividade humana *universal* que se realiza *individualmente*, mas sempre segundo técnicas *historicamente* determinadas ('línguas')", lembra Coseriu, justificando os três níveis depreendidos (1980: 91).

O nível universal corresponde ao que ele chama de saber elocucional, ou competência linguística geral: é o saber falar em geral segundo princípios que se aplicam normalmente a todas as línguas. É o falar de acordo com os princípios universais do pensamento e com o conhecimento geral que o homem tem das coisas do mundo.

O nível histórico corresponde ao que ele denomina de saber idiomático, ou competência linguística particular: é o saber falar uma língua determinada, ter o domínio das regras que permitem a produção e compreensão de textos nesta língua.

O nível individual, por fim, corresponde ao que ele classifica como saber expressivo, ou competência textual: é o saber estruturar textos em situações comunicativas determinadas, consoante os fatores gerais do falar: o falante, o destinatário, o objeto de que se fala e a situação.

Com base nestes três níveis da linguagem preconizados por Coseriu, teremos em relação à disciplina *gramática*, respectivamente: a gramática geral ou teórica, ou seja, a das definições, a gramática descritiva das estruturas dessa ou daquela língua, ou, mais precisamente, de uma variedade dessa ou daquela língua, orientada por um conjunto de postulados teóricos, e a análise gramatical de determinado texto, isto é, a análise que vai precisar os valores gramaticais expressos em ocorrências deste texto.

De sorte que, ao se querer situar a análise sintática como atividade prática de reconhecimento das relações entre palavras, expressões, orações e períodos, no campo do estudo da linguagem, só podemos compreendê-la como parte da análise gramatical, ao lado da análise fonológica e da análise morfológica, mantida a tríplice divisão tradicional da Gramática. A classificação sistematizadora das funções sintáticas e das orações, tarefa de um manual ou compêndio elaborado com este objetivo, estará, portanto, no nível da língua, e não no do texto, no nível da descrição, e não da análise, como parte do saber idiomático coseriano. Um manual que tenha como finalidade mostrar como os períodos se organizam em um texto (análise transfrástica), como cada período se estrutura em orações e como estas se ordenam em seus termos, procede essencialmente da mesma maneira que uma gramática, quando focaliza esta parte da sintaxe. O saber idiomático abarca, evidentemente, não só todo o saber sintático (concordância, regência...), mas também todo o saber gramatical, ao lado do saber lexical, além do saber relativo às variedades linguísticas e do que Coseriu chama de "saber repetido" (expressões ou frases feitas, provérbios...), saber este que se opõe à técnica livre do discurso: por exemplo, *mão única, dupla mão, mão de ferro* em contraposição a *mão delicada, mão perfumada, mão áspera.*

Uma vez situada a análise sintática no campo do estudo da linguagem, deve-se indagar sua utilidade no ensino da língua, que visa a desenvolver com eficácia a atividade linguística. Carvalho (1969: 218) elucida com precisão que

> esta análise [...] deverá ter a sua finalidade fora de si: ela será, na verdade, no estudo de um texto, que é portador de uma mensagem global complexa, uma espécie de operação de desmontagem do pensamento aí contido, para analisar as suas fases (isto é, as suas partes) e a sua disposição e entrosamento, para descobrir a sua coerência e as suas possíveis falhas, reais ou aparentes.

Sua utilidade é, então, fornecer aos alunos meios para aprender, de maneira mais reflexiva, a construção de orações, sua organização em períodos e, por fim, a organização de períodos em certo texto. Assim, ela irá servir como um meio prático de testar a produção e também a compreensão de um texto. Pécora (1983), em obra em que analisa, detida e percucientemente, redações de vestibulandos e de alunos do 1º e 2º semestres do Instituto de Linguagem da UNICAMP, oferece muitos exemplos de problemas de organização textual em que o exercício da análise sintática (este não é o objetivo de seu livro), mesmo sem recorrer a qualquer terminologia complicada, se apresenta dos mais válidos. Considere-se este período (Pécora, p. 51):

> O fato do cientista, este homem especializado que vive em seus laboratórios escuros longe da família e dos amigos, cercado de insetos e tubos de ensaio que nem sabemos para que servem.

Uma leitura atenta, que procure acompanhar as relações entre as palavras e as orações deste período (objetivo, na verdade, da prática da análise sintática), percebe que o termo "este homem especializado" tem o mesmo referente de "cientista"; que a oração "que vive em laboratórios escuros longe da família e dos amigos" é modificadora ou atributiva de "homem especializado", da mesma sorte que a oração "cercado de insetos e tubos de ensaio"; por fim, que a oração "que nem sabemos" já modifica os termos "insetos" e "tubos de ensaio", e a última, "para que servem", se relaciona com a forma verbal "sabemos". Observa-se, desta maneira, que as orações que se seguem a "O fato do cientista" são referências feitas apenas a "cientista", não a "O fato do cientista", não se recuperando, assim, para completar o sentido do período, o termo "O fato de", onde a palavra "cientista" se insere. Este é um problema frequente de coesão em textos escolares, mesmo de universitários, muito ligado, como lembra Pécora (p. 54-57), à imagem de língua escrita, "complexa e extensa", tantas vezes passada pelo ensino, de que as inserções ocorrentes no período examinado são bem ilustrativas.

A análise sintática pode ser também um meio importante para dirimir dúvidas mais especificamente voltadas para a compreensão de um texto. Por exemplo, no seguinte período de José Lins do Rego (apud Kury, 1963: 146): "Eles me contaram estas histórias dando detalhe por detalhe, que ninguém podia suspeitar de mentira.", os nossos alunos apreenderão, em geral, o sentido da última oração? Este sentido não ficará, talvez, mais claro, uma vez entendida a noção que a oração "dando detalhe por detalhe" traduz? E o valor textual desta não se tornará mais evidente, se atentarmos para a construção (sintaxe) exigida pela semântica do verbo *contar*, ocorrente na oração principal? A semântica de *contar* exige a construção: "contar alguma coisa ("estas histórias") a alguém ("me"), de algum modo ("dando detalhe por detalhe"). Ter-se-ia, então, substituindo a oração gerundial por uma palavra com a mesma função, o período: "Eles me contaram estas histórias detalhadamente, que ninguém podia suspeitar de mentira." A noção de consequência, que a oração "que ninguém podia suspeitar de mentira" denota, torna-se, então, inequívoca: na verdade, como suspeitar de mentira, se as histórias foram contadas detalhadamente, esmiuçadamente?

Uma análise que preconize uma oração consecutiva, quando estiver presente ou se puder subentender, antes dela, intensificadores como tão ou tanto, estará no mau caminho das classificações mecanizadas, uma vez que não exige esforço de compreensão do que está dito, não contribuindo, assim, para uma leitura mais atenta dos períodos, como aqui se intentou, realçada, sobretudo, a relação de causa e consequência ocorrente no período examinado.

A dificuldade de muitos alunos de entendimento da noção de consequência ("que ninguém pode suspeitar de mentira") advém muito da ausência dos termos intensivos aludidos ou mesmo de certos conectores para introduzir a oração, como *de forma que, de modo que*, etc., recursos formais com que são frequentemente "orientados" a reconhecer, e não a compreender!, uma oração consecutiva. Em suma, a ideia de consequência, traduzida por uma oração subordinada, não pode ficar restrita à apresentação formal como, em geral, procede o nosso ensino de língua, mesmo porque tal orientação, a rigor, não mostra que a noção de consequência está sempre ligada à de causa. Quando a apresentação formal clicherizada não ocorre, como no período de José Lins do Rego, os estudantes têm dificuldade em identificar o valor semântico de consequência, porque o que eles aprenderam a dominar é apenas o recurso formal, numa orientação pouco ou nada atenta ao mundo das ideias, da compreensão.

A análise sintática se mostrará de real utilidade no tocante ao ensino da produção textual e da leitura, se redirecionada a sua prática, como, a seguir, se procurará mostrar, com variados exemplos, nos tópicos do capítulo seguinte desta obra.

3. PARA UMA PRÁTICA DE MAIOR VALIDADE DA ANÁLISE SINTÁTICA

Enfatizou-se, logo de início, que este livro não é um novo manual de análise sintática. Nesta segunda parte da obra, utiliza-se o termo redirecionamento, por visar a outros caminhos no ensino deste conteúdo programático. Abordaremos apenas práticas linguístico-pedagógicas em relação à análise sintática que nos parecem de efetiva utilidade no trabalho com o texto nas salas de aula, na sua produção e compreensão, objetivo essencial na aprendizagem de uma língua. Evidentemente que outras práticas produtivas podem ser lembradas. Procurou-se redimensionar uma orientação diferente da que vem sendo adotada entre nós, proveniente de uma longa tradição, com resultados sabidamente improdutivos como estímulo de uma atividade linguística que se quer mais eficaz por parte do alunado.

3.1. Da importância dos processos sintagmáticos e da análise a partir da noção para a expressão

Estas duas diretrizes destacadas, centrais no redirecionamento do ensino da análise sintática, aparecem explicitadas ligeiramente por Melo (1953) e ampla e pioneiramente desenvolvidas por Garcia (1967).

3.1.1. O período simples

O ensino da análise sintática, situado no nível da ocorrência textual concreta, do sentido, e não no nível da língua, do significado, da invariação (como é o propósito de uma gramática descritiva), deve começar com a estruturação do período simples, da oração. Será a partir da oração, então, que se deve enfatizar a importância dos processos sintagmáticos. Na verdade, a oração é uma unidade sígnica, dotada de significante e significado, que apresenta, obrigatoriamente, como núcleo ou base, uma forma verbal, em torno da qual a oração se organiza e em relação à qual todos os outros termos se associam. Desta maneira, o verbo é, na realidade, o único termo essencial da oração, que pode ser constituída apenas por ele, como nas orações do tipo *Chove* ou *Há pessoas na sala.* Em "O aluno é estudioso", tem-se uma oração (ao contrário de em "alunos estudiosos"), pela presença da forma verbal *é,* não importando a classificação que se dê ao predicado "é estudioso". Já em "Silêncio!", "Que calor!", "Cada macaco em seu galho", têm-se frases não oracionais. Os demais termos na oração, como se observa, estão subordinados ao verbo. Por isso, com base na primeira diretriz central do redirecionamento do ensino da análise sintática, propomos explicar a importância dos processos sintagmáticos, a partir do âmbito oracional.

Assim, em *Pedro* estuda, Pedro viu *o filme*, Pedro respondeu *ao pai*, Pedro precisa *de ajuda*, Pedro disse *a verdade ao pai,* Pedro voltou *cedo*, Pedro estuda *de manhã*, Pedro falou *alto*, Pedro comeu *pouco*, os termos destacados são, todos eles, subordinados a formas verbais. Verifica-se que, estabelecido este processo de relação (no caso, de subordinação) entre os outros termos da oração e o verbo, também o sujeito (*Pedro*) será termo subordinado ao núcleo ou base verbal, não se ignorando, evidentemente, que, dentro da nossa tradição gramatical, para a maioria dos estudiosos, o sujeito é termo subordinante, e o predicado, termo subordinado. Bittencourt (1988: 90-94) reporta-se a linguistas que defendem a orientação de que o termo *sujeito* estará subordinado a uma base verbal, como Hauy e Carone, entre nós, e Tesnière, em seus *Élements de syntaxe structurale* (1959). Na oração "O aluno é *estudioso*", o termo assinalado mantém também uma relação de subordinação com o verbo, com a particularidade de ser "portador de referência a traços essenciais do sujeito", como a possibilidade de reportar-se ao seu gênero e número (Bechara, 1999: 425). Para este autor, "Toda relação predicativa que se estabelece na oração tem por núcleo um verbo" (id. 426).

É em nível do período simples, o que geralmente não acontece no ensino de Língua Portuguesa, que as noções gramaticais de coordenação e subordinação, distinção de natureza funcional, devem começar a ser passadas aos alunos, já que, na verdade, os dois processos estruturadores são fundamentais, não só na organização de períodos compostos, mas também na da própria oração. Coordenação e subordinação são, pois, conceitos básicos. Estão sempre presentes, os dois ou um deles, em qualquer enunciado, em qualquer nível: desde a relação entre palavras ou entre orações, até a relação entre períodos. Neste último nível, pode-se afirmar que os períodos do enunciado que se segue estão coordenados entre si: "Caso tivesse ressentimentos de minha mãe, não era uma razão mais para detestar Capitu, nem ela precisava de razões suplementares. Contudo, a intimidade de Capitu fê-la mais aborrecível à minha parenta." (Machado de Assis, *Dom Casmurro*, 1966: 162).

Já neste outro trecho, o segundo período aparece subordinado ao primeiro: "– Mas eu tenho notado que já é fria também com Ezequiel. Quando êle vai comigo, mamãe não lhe faz as mesmas graças." (Machado de Assis, *Dom Casmurro*, 1966: 268).

Atualmente, enfatize-se, é posição predominante entre os estudiosos da linguagem que o campo da investigação da gramática vai além dos limites de período, como nos procedimentos anafóricos ou outras formas de conexão entre períodos (pode-se falar, então, em análise sintática transfrástica), ultrapassando, deste modo, a área de estudo da gramática tradicional, de origem greco-latina, do estruturalismo e do gerativismo, que não focalizam as relações entre períodos.

Se no estudo e no ensino da análise sintática não se observarem as relações significativas entre períodos, estaremos cometendo o equívoco de querer explicar com fenômenos internos a um período fatos da língua que, na verdade, dizem respeito à estruturação ou organização de enunciados mais amplos, que abrangem mais de um período. Assim, na nossa tradição gramatical, os pronomes *isto*, *isso* e *aquilo* são apresentados redutoramente como demonstrativos neutros. No entanto, o uso certamente mais comum deles tem a ver é com textos, em geral como anafóricos, como no exemplo seguinte: "Soube, ontem, que você irá ocupar um alto cargo na empresa e que está de mudança para uma casa mais próxima de seu local de trabalho. Se isto me entristeceu, já que somos vizinhos há tantos anos, aquilo me deixou muito contente" (Koch, 1989: 39). Será omisso o professor que, na análise de tal enunciado, não levar seus alunos a observar que o *isto* se reporta ao fato mencionado por último, mais próximo, no período anterior ("está de mudança para uma casa mais próxima do seu local de trabalho") e que o *aquilo* já retoma ao fato explicitado de início, mais afastado, pois, no outro período ("você irá ocupar um alto cargo na empresa").

O estudo de como se relacionam semântica e morficamente os períodos de certo texto já exercerá uma função importante no tocante à construção do sentido textual.

De modo geral, e alguns manuais examinados comprovam isto, o ensino de Português aborda somente as noções de coordenação e de subordinação, a partir do estudo do período composto. Por que não iniciar os estudantes na reflexão sobre tais conceitos a partir do vínculo entre duas palavras?

Na prática escolar, os alunos são levados a repetir que, por exemplo, o *e* é uma conjunção e o *de*, uma preposição. No entanto, este saber metalinguístico nada esclarece sobre as relações distintas que o emprego destas duas palavras acarreta, apresentando, pois, a metalinguagem como um fim em si mesmo. Ora, em "Pedro e Maria estudam", o *e* estabelece uma relação de coordenação, ou seja, de encadeamento, de equivalência entre termos que exercem a mesma função sintática, no caso, a de sujeito. Em "A doença de Pedro preocupa", o *de* serve para traduzir uma relação de subordinação, vale dizer, de hierarquização, de dependência entre termos que não exercem a mesma função sintática: *doença* é núcleo do sintagma nominal sujeito, e a locução *de Pedro* não faz parte do núcleo, ela limita ou especifica a ideia contida em *doença*. Por que, então, não começar por mostrar que o *e* e o *de* participam de processos sintáticos ou estruturadores distintos, a serviço da manifestação de funções diferentes, em lugar de levar os alunos a memorizar a classificação de conjunção e de preposição, respectivamente?

A estrutura do sintagma verbal comporta ainda relações de encadeamento, quer entre palavras, como "Pedro volta *hoje* ou *amanhã*" ou "Pedro assistiu *à palestra e aos debates*", quer entre locuções, a exemplo de "Pedro agiu *com rapidez e com segurança*" e "Pedro estudava *de dia e de noite*". A coordenação se estabelece, nestas orações, através de conectores (conjunções coordenativas); mas tal processo sintático pode ainda valer-se do assindetismo, ou justaposição, como em "Pedro seguiu *o seu caminho, o seu destino*". Na estrutura do sintagma verbal, relações de hierarquização, em ocorrências como "O argumento *carece de consistência*", "Pedro *estuda Matemática*" e "Minha turma tem *alunos estudiosos*", a subordinação se concretiza, nos exemplos mencionados, através, respectivamente, de conectores (preposições, integrantes do recurso da regência), da justaposição, ainda como meio do processo sintático da regência, graças à relação sintático-semântica entre o verbo e o seu complemento, e da concordância (no caso nominal), ajustamento sintático-semântico entre palavras de base nominal ("alunos estudiosos").

A estrutura do sintagma nominal terá sempre como núcleo um substantivo (nome, pronome ou advérbio): "*A pesquisa* foi produtiva", "*Ninguém* reclamou do barulho" e "*Hoje* é feriado". Em torno do núcleo, têm-se comumente termos que a ele são subordinados: "*O* menino estudava", "*O* menino *estudioso* obteve aprovação", "*Este meu* amigo merece atenção", "*A* defesa *do réu* foi brilhante". O processo subordinativo aparece formalmente marcado pela concordância (nominal) ou, no último dos exemplos, também por um conector (preposição). Observe-se que, em certas ocorrências, a subordinação, em sintagmas nominais, manifesta-se ainda através do recurso da colocação dos itens lexicais no sintagma, como no conhecido e sutil jogo estilístico de Machado de Assis entre "autor defunto" e "defunto autor" ("eu não sou propriamente um autor defunto, mas um defunto autor"), em que o segundo termo será, em ambas as colocações, o termo subordinado. Na ocorrência de mais de um núcleo nominal, "Pedro e Maria namoram", a relação já será de coordenação, do mesmo modo que, em "As testemunhas *de* acusação e *de* defesa mostraram-se esclarecidas", se constata a equivalência entre as duas locuções ressaltadas, modificadoras do núcleo *testemunhas*.

De sorte que, tanto no sintagma verbal, quanto no sintagma nominal, o mais frequente é os dois processos sintagmáticos se fazerem presentes. Em "Visitei aquele meu único amigo", há equivalência, através da justaposição, entre *aquele*, *meu* e *único*, e hierarquização, além da do verbo e seu complemento, entre *amigo* e os termos modificadores, pelo recurso da concordância nominal (*amigo*, como núcleo do complemento verbal, acarretou o ajustamento das unidades periféricas ao seu gênero e número). Neste outro exemplo, "Seus lindos olhos verdes me seduziam", há equivalência entre *seus*, *lindos* e *verdes*, por meio da justaposição, e hierarquização entre o predicado e o sujeito, pela concordância verbal, e ainda entre o verbo e o seu complemento ("me"), justapostos, graças à relação sintático-semântica entre *seduzir* e *me*.

Desta maneira, com a assídua reflexão sobre os dois processos sintagmáticos abordados, os estudantes irão se familiarizando com as relações que se estabelecem nos períodos e, em consequência, com a importância que desempenham na estruturação de qualquer relação que se queira firmar num enunciado, a partir de duas palavras. Não se deixará também de mostrar como os dois processos sintagmáticos se manifestam (critério formal).

A nomenclatura gramatical deve ser introduzida aos poucos, não,conforme já se sublinhou em outras partes, como um fim em si mesmo, sem a compreensão prévia da relação gramatical de que participa o termo analisado.

Uma vez bem apreendidas as relações de encadeamento e de hierarquização, fundamentais para uma prática consciente da análise sintática, a metalinguagem vai sendo apresentada como resultado do entendimento das associações discursivas expressas, primeiro, na oração.

Assim, os complementos que delimitam e especificam, obrigatória e diversamente, um verbo, de acordo com o seu conteúdo semântico (complementos verbais), passam a ser nomeados: objeto direto, objeto indireto, predicativo, agente da passiva, todos eles com sua caracterização formal (ou sua expressão), como, para nos ater apenas ao traço mórfico mais evidente de cada um: ausência de preposição, presença de preposição, possibilidade de referência a traços essenciais do sujeito, ou do objeto ("A cobiça torna os homens *cegos*"), e presença da preposição *por* (ou, mais raro, *de*) com verbos transitivos diretos empregados em construção passiva.

A NGB não explicitou o termo objeto direto preposicionado. Contudo, como ele é mencionado pelos gramáticos e manuais de análise sintática, dependendo do nível de reflexão sobre a língua que se trabalhe com a turma, pode-se mostrar que, em construções como "Ele ama *aos pais*", tem-se um objeto direto preposicionado, quando se tenciona encarecer a pessoa a quem a ação verbal se dirige. A observação de que o complemento verbal "aos pais" é substituível pelo pronome *os* ("Ele ama-os" ou "Ele os ama"), e não pelo pronome *lhes*, corrobora a identificação de tal complemento como objeto direto. Para a NGB também, como já se viu, qualquer complemento verbal preposicionado, sem denotar valor circunstancial, é objeto indireto. Nada impede, porém, de o professor mostrar, em determinadas turmas, que, em "O aluno escreveu *aos pais*" e "Todos nós necessitamos *de alguma ajuda*", os complementos verbais, nas duas orações, diferem gramaticalmente, como consequência da distinta relação sintático-semântica entre o verbo e o seu complemento. Por isso, é possível, no primeiro exemplo ("aos pais"), a substituição deste sintagma pelo pronome *lhes*, o que é inviável, agramatical, no segundo exemplo ("de alguma ajuda"). Não pode o professor esquecer que a análise sintática faz parte do estudo da Gramática, e o estudo desta disciplina não é produto feito, pronto, mas, ao contrário, suscita reflexões, questionamentos.

A terminologia gramatical, cobrada tão precocemente dos alunos, muitas vezes como finalidade do ensino, ocasiona uma grave distorção, uma vez que o que deve nele prevalecer, ao longo dos graus fundamental e médio do sistema escolar, é procurar diversificar o saber linguístico dos alunos, ou seja, tornar a sua linguagem (primária) mais eficaz. Não se quer aqui negar à metalinguagem o seu valor, porque familiarizar o educando com ela é familiarizá-lo com um meio ou instrumento para que ele seja capaz de falar da língua, de suas estruturas, de maneira mais sintética, mas sempre como o coroamento de um processo de identificação e compreensão de conceitos e procedimentos gramaticais.

É necessário que, no ensino da análise sintática, se considere apenas o predicado como termo essencial da oração (muitas orações não têm sujeito) e que, mantida a distinção entre termos integrantes (complementos) e termos acessórios (adjuntos), fixada pela NGB e adotada pelo ensino de Português, possam os alunos compreender, no momento mais adequado, que nem sempre a diferença entre complemento e adjunto é tratada de forma coerente em algumas gramáticas e sobretudo nos manuais didáticos, estes últimos comprometidos mais diretamente com o ensino e com a NGB. Desta forma, em "Foi demorado o desembaraço *de minha bagagem*", o termo destacado é considerado um complemento nominal; mas, com verbos de movimento, a expressão indicativa de direção, como em "Ir *a Paris*", é tida, em geral, como adjunto adverbial, termo acessório, não necessário à regência do verbo. Conforme se viu, na primeira parte da obra,

Rocha Lima, para mencionar um nome de inegável prestígio no magistério da língua, distingue complemento circunstancial ("Partir *para o campo*", "A casa fica em Laranjeiras") *de adjunto adverbial, não indispensável à integridade predicativa de verbo ("Dar-lhe-ei o livro* amanhã", *"Lerei seu romance* na próxima semana"), *distinção mantida em sua* Gramática, *em edições posteriores ao texto da NGB.* O chamado adjunto adverbial, na verdade, nem sempre é um termo acessório. Em ocorrências como "Partir *para o campo*", o termo "para o campo" se apresenta com o valor de um complemento verbal, como o objeto direto ou o indireto. Como se vê, é importante que o professor, ao seguir a orientação do manual didático, a da NGB, esteja atento a possíveis questionamentos acerca da necessidade da distinção, no âmbito do sintagma verbal, entre complementos e adjuntos que acrescentam valor circunstancial a verbos.

Sobre os tipos de adjunto adverbial e sobre as noções que eles podem traduzir, é oportuno conhecer a útil observação de Kury (1963: 45-46):

> Quantas vêzes sòmente num caso concreto se consegue dar a denominação mais expressiva. *Deve o professor aceitar tôdas as que revelem no aluno a compreensão inteligente.* (grifamos)

Para ele, há vinte e sete denominações distintas para traduzirem as circunstâncias que se acrescentam aos verbos ou que intensificam a ideia expressa pelo verbo, adjetivo ou advérbio. Quanto a estas denominações, enfatiza Kury que o professor deve "aceitar tôdas as que revelem no aluno compreensão inteligente". No plano mórfico, não perder a oportunidade de mostrar que uma mesma noção pode se manifestar através de expressões distintas, como a de causa, presente em construções iniciadas por variadas preposições, na dependência da relação sintático-semântica entre o verbo e o item nominal que delas participa: *não saí por precaução*; *consumia-se de tédio*; *morriam à míngua*; *graças a seus esforços (ou em virtude de) seus esforços* (Kury, 1965: 46).

A distinção, no sintagma nominal, entre complemento e adjunto, reconhecida pela NGB, é, na verdade, complexa em certas ocorrências. Recomenda-se, a propósito, a leitura das páginas dedicadas por Bechara (1999: 449-456) ao assunto, em que ele explicita os traços sintático-semânticos coincidentes e distintos entre as duas funções. É verdade que, em certas construções, não é fácil optar-se pelo complemento ou pelo adjunto do nome, como se nota em alguns exemplos colhidos em Bechara: "a cultura do professor", "o pai de Eduardo", "os braços da dançarina", "o retrato de Machado de Assis", "o retrato da galeria", "o livro de Graciliano Ramos intitula-se Vidas Secas". Destes exemplos, Bechara só considera adjunto adnominal "o retrato da galeria", interpretado como "o retrato exposto na galeria".

Portanto, até certa fase de maior compreensão dos recursos sintático-semânticos no uso da língua pelos alunos, o professor não deve insistir na distinção entre complemento e adjunto do nome. O adjunto adnominal deve ficar restrito à sua representação por nomes ou pronomes adjetivos ("evento *festivo*", "*minha* biblioteca") e por aqueles sintagmas preposicionais que correspondam, inequivocamente, a um adjetivo como "homem de coragem", "pão com manteiga", "copo com defeito", "casa de Pedro" e "cama de solteiro" (Bechara: 451).

Dessa maneira, a complexidade no ensino da gramática seria reduzida:

> Es cierto que la gramática, como todas las ciencias que se relacionam con la vida del espirito, suele ser extremadamente complexa y de difícil acesso para el joven. Muchas vezes, pues, hará necessario reduzir esa complexidad, *pero cuidando siempre de no llegar a lo falso.*

> *Una noción incompleta puede ser perfeccionada más tarde sin ocasionar perjuicio*; una noción falsa compromete las futuras adquisiciones. (grifamos) (Piccardo, 1956: 14-15)

Sabemos muito bem que a realidade escolar, o sistema de ensino, tolhe, e frequentemente desestimula, o desenvolvimento de uma atitude crítica do professor ante os fatos gramaticais, ainda mais os de há muito rotulados. A precária formação linguística recebida, o forte sentimento de não estar preparado para "qualquer voo" fora do preestabelecido, o receio de não seguir exatamente o que as gramáticas preconizam, e os manuais didáticos e os programas estabelecem, vários fatores, em suma, impedem o professor de ter novas atitudes ante o objeto de seu ensino, "caracterizadas por mais responsabilidades teóricas, maior rigor de raciocínio, libertação do argumento de autoridade – em uma palavra, mais espírito crítico" (Perini, 1985: 7-8).

De acordo com relatos de inúmeros professores, ex-alunos e alunos meus em cursos de pós-graduação, "lato" e "stricto sensu", existe mesmo forte controle de diretores e coordenadores pedagógicos, em muitas escolas, e até mesmo das famílias, em relação ao estrito cumprimento do programa da disciplina por parte do professor (no caso de Português, o programa é identificado com os tópicos gramaticais selecionados para cada série). Este é o programa geralmente adotado pelos manuais didáticos, apesar de vários estudos acadêmicos já apontarem que esses manuais frequentemente apresentam textos mal selecionados, com atividades propostas sem nenhuma ligação com a prática refletida da língua.

Cada docente, com a pouca autonomia que lhe resta nas salas de aula, deve ter condições de discutir os fatos da língua com seus alunos, procurando, assim, minimizar esta triste realidade, a censura pedagógica, que reduz o docente a mero reprodutor de conhecimentos, desestimulando-o a tecer considerações próprias. Desta maneira, estará contribuindo para o processo de amadurecimento intelectual dos próprios estudantes, não cultivando neles a sacralização do que está escrito.

Nas considerações aqui feitas, no estudo do período simples, da sua oração, não se teve preocupação com classificação cabal de termos, nem de aprofundamentos conceituais. Isso, no entanto, não significa que não se tenha uma posição teórica e descritiva (na verdade, essa posição se explicita em vários momentos desta exposição, fato que ocorre também nas páginas sobre o período composto).

Parece ter ficado evidente a ênfase que se atribuiu, desde o início do ensino da análise sintática, aos processos do encadeamento e da hierarquização, e à diretriz de se partir do entendimento das estruturas sintáticas para a sua expressão formal. Na prática pedagógica mais corrente nos dias atuais, a orientação é oposta, ou seja, a de se partir das palavras, através, *v.g.*, da listagem dos verbos tidos como de ligação, com vista à tipificação do predicado, ou a dos conectores oracionais, no período composto.

3.1.2. O período composto

No ensino, no estudo da estruturação do período composto, deve-se adotar a mesma orientação seguida na análise do período simples, ou seja, a ênfase nos dois pontos essenciais: primeiro, a organização das orações no período (encadeamento e hierarquização); segundo, o privilegiamento do sentido, sobretudo nos casos referentes à indicação de circunstâncias (do entendimento da noção de contraste, por exemplo, para a palavra ou a expressão que a traduza).

No tocante ao primeiro ponto, deve o professor procurar, de início, fazer o aluno entender se duas orações são encadeadas, se há equivalência de função entre elas, ou se, ao contrário, há um processo de hierarquização interoracional, por isso a ocorrência de oração principal, quando há uma oração dependente de outra. Assim, em "Ela desligou o gravador, despediu-se e foi embora", as três orações do período são claramente equivalentes, coordenadas entre si, uma não exerce nenhuma função em outra, cada uma relaciona-se com as outras em sua integridade. Porém, em "Enquanto escrevia, o irmão chegava", a primeira oração se apresenta dependente da segunda, não exerce a mesma função da outra, pelo contrário, exerce uma função em relação à outra (principal). Que função exercerá "Enquanto escrevia" em relação à outra oração? O saber dizer de outro modo, o levantar hipóteses sobre o possível valor de uma oração, sem alterar o da relação interoracional, podem ser caminhos para se alcançar a resposta. Assim: o irmão acabou de chegar no momento em que o outro escrevia. Ora, "no momento" já nos conduz facilmente à noção de tempo, de tempo concomitante. Logo, a oração "enquanto escrevia" é temporal, a traduzir, pois, um valor circunstancial, isto é, a exercer uma função adverbial em relação à forma verbal "chegava", um adjunto adverbial com forma oracional, em razão da presença do verbo "escrevia".

O aluno que vier a aprender, de início, que, em um período composto, uma oração tem ou não a mesma função de outra, estará pavimentando um caminho de fundamentação mais consistente para o estudo da análise sintática do que aquele que, na presença de um *desde que*, por exemplo, seja logo exigido a falar em oração subordinada adverbial temporal. A análise sintática é útil, sem precisar recorrer à metalinguagem, quando se produz um texto escrito, e se necessitar apreender a organização de um período, e vir até a identificar e a corrigir eventuais falhas de desempenho linguístico, como adiante se mostrará.

É importante o professor fazer o aluno observar que as orações coordenadas, por exercerem a mesma função de outra(s) no período, não comportarão um segundo critério funcional classificatório, enquanto as subordinadas ainda podem e devem ser classificadas de acordo com as funções exercidas em relação a certo termo da oração chamada de principal. E é, levando-se em conta tais funções, que as orações subordinadas poderão ser substantivas, adjetivas e adverbiais. Como os substantivos exercem, por sua vez, certas funções sintáticas, as orações substantivas serão subjetivas, objetivas diretas ou indiretas, completivas nominais, e assim por diante. As adjetivas, por sua vez, podem ser restritivas, se valerem por um adjunto adnominal, ou explicativas, com o valor de um aposto, explicativo ou atributivo. As adverbiais, enfim, traduzirão circunstâncias (causa, consequência, condição, tempo, fim...), próprias de serem manifestadas por um advérbio.

Se os estudantes tiverem um bom domínio das funções sintáticas na oração, não terão, em princípio, maiores dificuldades em reconhecer a função que uma oração subordinada exercerá em relação à principal (sujeito, complemento nominal ou verbal, adjunto, também nominal ou verbal, aposto). Ao identificarem, por exemplo, que, em "Sou favorável à sua nomeação", se tem em "à sua nomeação" um complemento nominal, num período composto como "Sou favorável a que o nomeiem", a oração subordinada será certamente reconhecida como completiva nominal, e substantiva, pois já terão assimilado que o núcleo de um complemento nominal é um substantivo (cf.: "nomeação"). Em uma outra exemplificação, "O menino estudioso recebeu elogios", a identificação de "estudioso" como adjunto adnominal facilitará o reconhecimento também desta função, com estrutura oracional, no período "O menino que estuda recebe elogios". A distinção das orações adjetivas em restritivas e explicativas, além de ser funcional (aquelas, equivalentes a um adjunto adnominal, estas, a um aposto), é também semântica: as primeiras exprimem qualidade acidental do substantivo, como no exemplo que se acabou de mencionar; as segundas denotam qualidade essencial do substantivo antecedente, determinante da função sintática que exercem e da sua ocorrência entre vírgulas ("A casa, que se encontrava abandonada, foi demolida"). Assim também, uma vez apreendida a função de "de madrugada" na oração "Viajaremos de madrugada", como adjunto adverbial (de tempo), ficará clara a compreensão de que, em "Viajaremos logo que amanheça", a oração "logo que amanheça" será adverbial temporal.

Pode-se constatar, com as considerações feitas, que as orações subordinadas se apresentam bem mais diversificadas em sua classificação do que as coordenadas, sobretudo as adverbiais pelos valores semânticos manifestados. Em consequência, a terminologia gramatical será bem mais complexa do que a de um período constituído apenas por orações coordenadas.

Em passagens anteriores desta obra, afirmou-se que a oração principal é, em nossa tradição gramatical, aquela que tem uma oração dela dependente. Por isso mesmo, gramáticos mostram que uma oração subordinada pode ter outra dela dependente, em relação à qual vem a ser principal. Kury (1963: 54-55) apresenta um sugestivo exemplo, extraído de conhecido poema de Gonçalves Dias, para mostrar o que vai chamar "de orações principais de vários graus":

> Não permita Deus que eu morra
> Sem que desfrute os primores
> Que não encontro por cá.

Explica ele que a oração "que eu morra" é subordinada à primeira, sua principal; mas é, ao mesmo tempo, principal (de 2º grau) em relação à terceira, subordinada a ela, e esta, por sua vez, é principal (de 3º grau) com referência à última. E conclui: "Poder-se-á, pois, para maior clareza, falar em principal de 1º, 2º, 3º graus, etc."

Cunha (1969: 401) se mostra contrário a esta caracterização funcional da oração principal, preferindo considerar a oração principal como aquela que não exerce "nenhuma função sintática em outra oração do período". Para ele, no período do poema de Gonçalves Dias, a oração principal seria apenas "Não permita Deus". Garcia (1967: 34), por sua vez, afirma "que, em tese, a oração *principal* encerra quase sempre a ideia *principal*...". As expressões "em tese" e "quase sempre" enfraquecem sua posição, ainda mais quando explicita: "Muitas vêzes, entretanto, a idéia mais importante está ou parece estar numa oração subordinada, especialmente quando substantiva ou adjetiva." Adota aqui francamente um critério semântico, e não funcional, na caracterização da oração principal. Bechara (1999: 462), na linha de orientação de um Oiticica, no lugar de período composto por subordinação, utiliza o conceito de oração complexa ("O caçador percebeu que a noite chegou"):

> Gramaticalmente, a unidade oracional *O caçador percebeu que a noite chegou* é uma unidade sintática igual a *O caçador percebeu a chegada da noite* (...) Assim, levando em conta os constituintes imediatos, há um primeiro momento em que se analisa por inteiro a unidade sintática *O caçador percebeu que a noite chegou*, para depois se analisar o termo sintático que se apresenta sob forma oracional:
> Sujeito: o caçador
> Predicado: percebeu que a noite chegou
> Objeto direto: que a noite chegou

É importante observar que nesta obra não foram valorizadas divergências conceituais, que não podem deixar, contudo, de ser discutidas nas universidades, uma vez que discussões críticas são essenciais à formação dos professores. A exceção aqui estabelecida deveu-se a dois fatores: por se tratar de um conceito fundamental no campo da análise sintática e por se tratar de opiniões divergentes de três dos nossos mais autorizados nomes no terreno do estudo e do ensino da Língua Portuguesa.

Defendemos, no entanto, que, nos níveis do ensino fundamental e médio, não se poderá abandonar a orientação, de longe certamente mais conhecida do magistério, que é a que se prende à tradição de ensino do vernáculo. A nossa realidade escolar, haja vista os manuais didáticos, ainda é a de identificar a oração principal como "regente", a que tem uma oração dela dependente.

Ao professor, o que lhe é imprescindível é a atitude crítica ante o seu objeto de ensino, não enveredando na convicção, ou no comodismo, de aceitar tudo o que as gramáticas, os compêndios de análise sintática e os manuais didáticos dizem.

Certas classificações devem merecer uma especial atenção crítica dos professores de Português, uma vez que têm recebido a acolhida de certos gramáticos, mas que carecem de uma fundamentação linguística consistente.

Em uma oração como "Alguém o procurou", o sujeito não é indeterminado (confusão que se faz entre indeterminado e indefinido). Há, na oração, uma forma linguística que não pode deixar de ser o sujeito, embora traduza "um ser indefinido". Em "Quem espera sempre alcança", não se deve desdobrar palavras como *quem* em "aquele que", deve-se analisar o que está no texto. Em "Acariciou-lhe o rosto", o *lhe*, com valor de posse, não deve ser considerado um adjunto adnominal, pela sua equivalência (discutível!) com "Acariciou o seu rosto" ou "Acariciou o rosto dela". A coordenação e a subordinação não são processos opostos, mas distintos, já que, com frequência, têm-se termos e orações subordinados, coordenados entre si, como se discutirá mais adiante.[3] Em "O professor costuma dizer aos seus alunos: *estudem com determinação*", não considerar a oração em destaque como um aposto, justaposto, mas como um objeto direto, evitando subentender um termo elíptico como *isto, o seguinte, estas palavras.*

É comum um período composto se organizar por meio dos processos de encadeamento e de hierarquização, constituindo o que se costuma denominar de período misto.

Assim, no período: "Comecei a mastigar e em breve tinha na boca aquele puxa-puxa cinzento de borracha que não tinha gosto de nada" (Clarice Lispector, *in* Santos, 2007: 224), a segunda

---

[3] Melo (1967: 102) salienta que uma oração é subordinada, conceito de natureza, e está coordenada, conceito de acidente.

oração tem valor equivalente, está coordenada à primeira; já a terceira ("que não tinha gosto de nada") subordina-se ao termo "aquele puxa-puxa cinzento de borracha" da segunda, funciona como adjunto adnominal, isto é, vale como um adjetivo que modifica "aquele puxa-puxa sem gosto". Dá-se uma hierarquização entre a segunda e a terceira orações, a terceira depende da segunda. Portanto, a segunda oração, ao mesmo tempo em que se coordena com a primeira, vem a ser a oração principal em relação à terceira. Tem-se, assim, um período misto.

Ressalte-se, na organização de um período misto, a possibilidade de equivalência de orações subordinadas, como em: "Não saí de casa porque estava chovendo e me encontrava muito gripado." A segunda e terceira orações são adjuntos adverbiais da forma verbal *saí* da oração principal. Desta forma, são isofuncionais ou coordenadas entre si, e subordinadas, igualmente, à primeira.

A equivalência entre duas orações pode expressar-se formalmente com os mesmos recursos existentes no âmbito oracional: com certos conectores (conjunções coordenativas), como nestes períodos de Rachel de Queiroz: "O costume é os feios amarem os belos e os belos se deixarem amar", ou neste outro: "Podia ser medroso, mas não era burro" (*in* Santos, 2007: 120 e 124); ou pela simples justaposição das orações como no fragmento textual de Rubem Braga: "espumas são leves, não são feitas de nada, toda sua substância é água e vento e luz" (*in* Santos: 110). Duas orações coordenadas podem ainda aparecer encadeadas em uma correlação, ou seja, dois termos ligados entre si, sendo um em cada oração, conforme o exemplo: "Ele *não só* estudava, *mas também* trabalhava."

Não cabe aqui o debate se a correlação constitui ou não processo sintático distinto da coordenação e da subordinação (aqui, em exemplos como "Chovia tanto, que não saí de casa"). Os gramáticos, como se mostrou na primeira parte da obra, divergem quanto a este ponto. O que importa é reconhecer a correlação como uma construção largamente utilizada no propósito de marcar interdependência de ideias, constituindo-se, assim, em um importante e repetido recurso de ênfase. Quando dizemos "Ele se mostrava preocupado e andava sem rumo", ocorre um mero encadeamento de duas orações; mas, se falamos "Ele não só se mostrava preocupado, mas também andava sem rumo", há uma interdependência, manifestada formalmente pelo par correlato "não só... mas também", a fim de vincular mais estreitamente as ideias pelas duas orações equivalentes. Certas construções correlatas podem servir até para reforçar a interdependência de ideias expressas por duas palavras: "Não só Pedro, mas também Paulo, compareceram ao evento." O que não acontece em "Pedro e Paulo compareceram ao evento", onde os sujeitos aparecem encadeados, sem estar realçada, contudo, a relação entre eles.

A hierarquização entre orações abrange variados recursos formais, entre eles o emprego de conjunções subordinativas e de pronomes relativos ("Não tinha certeza de que estivesse mesmo doente", "Saiu para que pudesse refletir melhor", "Era vítima de enfermidade que o maltratava muito"). Observe-se que o conector pode estar elíptico, sobretudo no uso literário ("Pediu tomassem conta de seu filho", elipse da conjunção *que* após o verbo *pediu*).

Outro recurso formal ocorrente na subordinação interoracional é a utilização de certos pronomes ou advérbios no início de oração subordinada com valor substantivo (cf. Kury, 1963: 62): "Quem espera alcança", "Não sabe como perdeu a sua môsca azul", "Sê útil mesmo a quem não conheces". Kury considera estas orações como justapostas, não conjuncionais, sem conectivo, já que os pronomes e os advérbios nestas construções exercem uma função sintática, ao contrário das conjunções subordinativas, conectores puros. São também justapostas, sem qualquer termo introdutório, as orações subordinadas do tipo: "Ela só tem alma, explicou meu filho", "O acidente, ponderou o transeunte, podia ter sido evitado", com o verbo declarativo ocupando posições distintas, em um interessante jogo estilístico de carrear, para a forma verbal, maior ênfase, quando a oração do verbo *dicendi* ("ponderou o transeunte") interrompe o enunciado da oração principal ("O acidente... podia ter sido evitado").

Há, também, como recurso formal da subordinação interoracional, a presença do verbo sob forma nominal (infinitivo, gerúndio e particípio). Com o infinitivo: "É preciso saberes a verdade" (função de substantivo, sujeito), "Recebi as propostas a serem examinadas" (função de adjetivo, adjunto adnominal), "Apesar de estar indisposto, foi trabalhar" (função de advérbio, adjunto adverbial). Com o gerúndio: "Estava ali um homem falando em voz alta" (valor de adjetivo, adjunto adnominal), "Não alcançando aprovação no concurso, sentiu-se muito frustrado" (função de advérbio, adjunto adverbial). Com o particípio, com menor incidência, restrito às adverbiais: "Resolvido o impasse, tranquilizou-se" (noção de tempo), "Mesmo adoentado, foi trabalhar" (noção de concessão), "Indagado, entraria em pânico" (noção de condição).

Não resta dúvida de que a melhor orientação, no ensino da análise sintática, é a de partir do estudo da noção, ou do sentido, e não, como ocorre frequentemente na prática tradicional, a de partir do reconhecimento da expressão, ou da palavra (os conectores), através de uma prática mecanizada: o *mas* é adversativo, o *embora*, concessivo, o *desde que*, condicional, o *já que*, causal. Ilustremos, com alguns exemplos, o nosso posicionamento de partir da noção.

Seja o período "Sei lá a verdade dos fatos, a menos que eu indague". Muitos alunos poderão ter dificuldades em identificar a noção da segunda oração. Que ideia expressa *a menos que* neste período? No lugar de lançar mão de práticas mecanizadas na tentativa de se chegar a uma classificação, o caminho deve ser o da reflexão, com constatações, indagações e oposições. Tem-se, aqui, um período com orações que se opõem pelo sentido: a primeira é negativa (mesmo sem a presença do *não*), a segunda, afirmativa, traduzindo um fato de realização desejável. Ou seja, é desejável que eu indague ou venha a indagar a verdade dos fatos, caso contrário, não ficarei sabendo. Logo, indagar-se a verdade dos fatos é *condição* indispensável para alcançá-la. Percebe-se, assim, a noção de condição. Se houvesse a presença de palavra negativa, na primeira oração, a compreensão ficaria ainda mais fácil: "Não sei a verdade dos fatos, *a menos que* (ou então: "a não ser que", "salvo se", "exceto se") eu indague." Com a ocorrência de um verbo com valor semântico de privação, ter-se-ia o mesmo esquema, uma oração negativa e outra, afirmativa: "Faltarei ao encontro, a menos que seja obrigado." Poderíamos estruturar o período de outras maneiras, mantendo o sentido de condição: "Se eu indagar a verdade dos fatos, ficarei sabendo" ou "Não saberei a verdade dos fatos, sem que eu a indague".

Este caminho é mais longo do que o das classificações mecanizadas, processo comumente adotado no ensino da Língua Portuguesa? Evidentemente. Mas o que esperar de um ensino que privilegie a reflexão? Ele será sempre mais exigente em qualquer disciplina. Afinal, "a finalidade primordial de todo ensino digno de ser assim chamado não é o de levar o aluno ao plano da consciência e da razão o que era só automatismo e atividade subconsciente?" (Uchôa, 2007: 28).

A ausência de um conector dificulta sobremaneira o entendimento do período, caso ele seja tomado como a única base para a apreensão do elo semântico entre duas orações justapostas, isto é, colocadas lado a lado. Quando se diz: "Não sou mais amigo dela; ninguém ainda está sabendo", em geral, o ensino classifica a segunda oração como "coordenada assindética", esquecendo que há um nexo semântico interoracional, caso contrário, estaria comprometida a compreensão do enunciado. Desta forma, o professor deve estimular seus alunos à compreensão do valor semântico que se agrega à segunda oração, pois o assindetismo, a justaposição, não pode ser fator que silencie a relação significativa entre orações, o que se constituiria em um absurdo linguístico. Na realidade, existe entre as orações do período mencionado uma clara associação de adversidade, de contraste: não sou mais amigo dele, mas este fato ainda não é do conhecimento de outras pessoas. Classificar apenas como coordenada assindética é optar por uma análise redutora, onde se despreza o mundo linguístico da compreensão, do entendimento.

Outro exemplo desse problema ocorre em: "Ela chamava a atenção de todos: sua maneira de vestir-se era muito extravagante." Como apreender o valor semântico da segunda oração, se não há conector algum? Seria o caso de perguntar-se: afinal por que ela chamava a atenção de todos? Por "sua maneira de vestir-se extravagante". Logo, uma oração com valor causal, justaposta à primeira do período.

As orações reduzidas também acarretam, muitas vezes, dificuldades na apreensão do seu valor semântico. No período "Eu vi as meninas preocuparem suas famílias", a indagação a ser feita é: qual a função de "as meninas preocuparem suas famílias?" Reconhecida a função de complemento do verbo *ver*, tratando-se de um objeto direto, cabe ao professor mostrar que este objeto direto tem uma estrutura oracional, com sujeito próprio, sem a presença de um conector *que*.

3.2. Da intenção do produtor textual: reflexos na organização de períodos e nos atos de leitura

A organização de enunciados não é aleatória, já que as ideias a serem expressas não se sucedem desordenadamente, sob pena de afetar a coerência e a adequação do que é dito.

Na prática da análise sintática, o professor deve mostrar aos seus alunos a relação entre a intenção significativa que o autor do enunciado parece querer manifestar e os recursos de concatenação, entre os termos e entre as orações, de que ele se valeu para traduzir tal intenção, de maneira que o sentido resultante possa ser apreendido de forma satisfatória. Estaremos, deste modo, ante um trabalho, sem dúvida, mais estimulante ou instigador com a linguagem, pois conectado com a produção e a compreensão textual, longe da equivocada orientação de uma análise meramente classificatória, mecanizada, enfadonha e improdutiva.

Esclareça-se que, ao se utilizar da língua na estruturação de enunciados, o usuário deve estar também capacitado a utilizar recursos como os que carreiam um propósito expressivo, ou estilístico, com o objetivo recorrente de destacar a relevância de uma ideia presente no que está sendo manifestado, a exemplo da escolha da ordem das palavras nas orações e destas nos períodos. Então, estes recursos, que visam ao realce, à ênfase (considerados, em geral, como objeto de estudo da Estilística), fazem parte também da organização de um período, por contribuírem sobremaneira para a construção de seu sentido e, por conseguinte, para a sua compreensão.

Estruturas oracionais bem simples servem para ilustrar a orientação aqui defendida. Em certo número de *O Globo* (de 2/3/2009), lê-se a seguinte manchete: "O Botafogo conquista a Taça Guanabara." Na verdade, qual foi a intenção significativa do redator neste enunciado, ao escolher um verbo de ação? Não seria a de representar a ação na perspectiva mesmo da ação e do agente que a realiza, daí sua escolha de um esquema oracional na chamada ordem direta e na voz ativa? Se a preferência significativa fosse outra, com opção pelo paciente, colocado já o evento sob a perspectiva do que se faz e não de quem faz, certamente a oração assumiria estrutura diferente, com o verbo na voz passiva.

No caso das vozes verbais, o mais importante no ensino, sob a perspectiva da produção textual e da leitura, é que os alunos apreendam a relação, no nível textual, entre o sentido (construído com base numa intenção significativa) e a sua expressão linguística, sem, contudo, negar-lhes o acesso ao conhecimento das funções envolvidas de sujeito, predicado, objeto direto e agente da passiva. O estudo das vozes verbais assume, então, uma outra dimensão pedagógica, não ficando restrito simplesmente a serem elas identificadas e classificadas, com o reconhecimento das funções sintáticas ocorrentes em suas construções, e aos repetidos exercícios de conversão automatizada da voz ativa para a passiva, e vice-versa. Não se pode diante da presença predominante, em um texto, de verbos na voz passiva, ignorar a intencionalidade de seu autor.

Num plano mais genérico, pode-se afirmar que o propósito do produtor textual *de* atribuir maior ênfase ou realce a determinada ideia de um período vai afetar a sua ordenação, sem o que este ficará prejudicado em seu sentido, pois deixará de traduzir a intenção manifestativa do autor. No mesmo número de *O Globo*, aparece: "No papel de bancos, corporações ajudam a manter cadeia produtiva." É evidente que se quis dar maior realce à ideia "No papel de bancos", razão por que o redator optou por iniciar o período por esta expressão de valor adverbial. A prática da análise sintática que se cingir a solicitar ao aluno a função de "No papel dos bancos", mostrar-se-á extremamente redutora.

Constata-se, pois, que já na estruturação de um período simples o intento expressivo repercute inevitavelmente na produção textual e na leitura e no seu ensino. Assim, em "Assinalou o juiz a gravidade das acusações", o intuito de enfatizar ou realçar a ação explica a oração iniciar-se pela forma verbal, com a posposição do sujeito.

Em crônica de Sabino, já apontamos (Uchôa, 2007: 86-89) para passagens textuais em que a intenção expressiva presente – que não pode ser deixada de lado pelo professor em seus comentários – aparece manifestada através de recursos distintos. Em: "Na realidade, é uma graça, o meu passarinho perneta", o propósito de sobressair a ideia atributiva contida em "uma graça" proporcionou ao escritor esta estrutura oracional, de alta expressividade, não só pela anteposição do predicativo ao sujeito, mas também pela pontuação (uso da vírgula), a separar o predicativo do sujeito.

> Seria o caso de confrontar a ordem da frase do texto com a ordem corriqueira "Na realidade, o meu passarinho per-

> neta é uma graça", para mostrar aos alunos o quanto a frase perderia em emoção, em manifestação de encantamento. Na verdade, teríamos duas frases com sentidos diversos: uma, toda emoção, outra, uma mera constatação. Na análise gramatical tradicional, a frase em foco talvez fosse apenas pretexto para se indagar a função sintática de "uma graça". (ibid)

Em outra ocorrência da mesma crônica: "Seu Lourival entende de muitas coisas, e também do sexo dos passarinhos", o narrador deslocou para o final do enunciado a ideia que pretendia realçar ("e também do sexo dos passarinhos"). Valeu-se ainda da segmentação virgular para dar maior destaque a "coisa", entre muitas outras, que seu Lourival parecia mais entender. A ausência de um sintagma verbal traz, por outro lado, uma maior densidade semântica ao trecho destacado. A análise sintática limitada a considerar a expressão em foco apenas como uma oração aditiva, com verbo elíptico, esvaziaria do texto toda a sua força expressiva.

Em um conto de Rubem Fonseca (1998: 33), em duas passagens distintas, ocorrem períodos simples com efeitos expressivos que vale serem assinalados. Em "Era uma obra de Santa Engrácia, aquela", deslocando o pronome para o final do enunciado, com uma vírgula a segmentá-lo, separando-o da estrutura oracional, o autor não poderia ter sido mais feliz em seu intento estilístico de valorizar o sujeito. Na outra passagem, "Mas as preocupações de Maria Clara não terminavam com a solução do problema dos convites, do vestido, das comidas e bebidas e garçons e cozinheiro", a reiteração do *e*, entre as últimas palavras do trecho em lugar do emprego da vírgula, sugere o propósito do narrador de atribuir a tal reiteração um encadeamento final em que a memória fosse exigindo dele a lembrança de mais alguns trabalhos relativos aos preparativos de uma festa.

Na coordenação, dada a equivalência funcional entre as orações, a organização do período composto é bem mais simples. A intenção significativa do produtor textual, em muitas ocorrências, restringe-se a adicionar uma informação a outra: "Caímos no canapé, e ficamos a olhar para o ar." (Machado de Assis, *Dom Casmurro*, 1966: 113).

Pode acontecer, no entanto, que a ordem em que aparecem as orações coordenadas seja necessária como nesta sequência: "Suspirou e morreu" (Neves, 2000: 751). Atividade pedagógica útil será a do professor, ante vários períodos de orações coordenadas, levar os alunos a reconhecer em quais a ordem delas se impõe e em quais outros a mudança de colocação é permutável. Desta maneira, o professor estudará com os alunos a ordem das orações em períodos como: "O hóspede pagou a conta e deixou o hotel" ou "A arte embeleza e a ciência surpreende o mundo". Neste último exemplo, a ordem é permutável, embora o efeito comunicativo não seja o mesmo, caso a colocação das orações fosse a contrária: com efeito, por que o falante menciona primeiro "a arte"?

Como a análise sintática se dá no nível textual, uma mesma conjunção coordenativa propicia sentidos diversos à oração que com ela se inicia. Assim, o *e*, que, no nível da língua, tem valor de adição, pode, no nível do texto, traduzir valores distintos, como o de consequência: "Estude e não se arrependerá." Importa o professor destacar que, aqui, se tem sentido de consequência e que se preferiu utilizar uma estrutura coordenada iniciada por uma conjunção a que se atribui normalmente (nível da norma) o valor de adição. Observe-se que não é por denotar o *e*, nesta ocorrência, o sentido de consequência que a oração "e não se arrependerá" deixará de estar coordenada à anterior e de ser aditiva; apenas se deve acrescentar a acepção textual de consequência que ela apresenta.

Nem sempre a coordenação é o melhor processo para tornar claras as relações de sentido entre períodos simples. Em uma sucessão deles, tais relações, muitas vezes, não se estabelecem com a necessária eficácia, como em: *A festa corria animada. Pedro não se sentia à vontade. O pai se encontrava adoentado.* Esta justaposição de períodos curtos, ressaltemos, deve ser mesmo estimulada em textos escolares de alunos que ainda se ressintam de um domínio mais amplo de estruturas complexas da língua. A partir, no entanto, de certa fase de escolaridade, os alunos devem ser exigidos a organizar períodos mais longos, através do entrelaçamento de orações. Os períodos simples, acima mencionados, ganhariam, dessa forma, explicitadas mais claramente as relações de sentido entre eles, estruturações como estas, denotadoras de intentos expressivos distintos: *A festa, em que Pedro não se sentia à vontade, por seu pai se encontrar adoentado, corria animada*; ou esta outra: *Embora a festa corresse animada, Pedro não se sentia à vontade, por seu pai se encontrar adoentado*; ou ainda: *Embora a festa corresse animada, o pai de Pedro se encontrava adoentado, por isso, ele não sentia à vontade.*

Garcia salienta (1967: 39) "que a escolha da oração principal não é ato gratuito, e o que ponto de vista e a situação devem servir de diretrizes para essa escolha". No caso das versões propostas acima, pode-se constatar que, de fato, segundo o ponto de vista ou a intenção significativa do usuário, a oração mais realçada é, respectivamente: *a festa corria animada, Pedro não se sentia à vontade* e *O pai de Pedro se encontrava adoentado.* O autor de cada período privilegiou, em cada uma dessas ocorrências, ideias distintas. Não há dúvida de que esta é uma atividade que sinaliza para a ordenação de enunciados que manifestam propósitos comunicativos diversos e, consequentemente, comportam diferentes leituras.

Como se observa, é evidente que a organização do período composto não é gratuita. Os alunos estarão recebendo uma orientação de ensino improdutiva, com vista à produção textual e à leitura, se esta orientação for direcionada apenas pelo normativismo (há lugar, no entanto, ressalte-se, para a gramática normativa no ensino: Uchôa, 2007: 57-58), uma vez que um período não se constrói apenas com regras de concordância, de regência, de colocação, de formação ou de flexões de palavras. Outros fatores têm de ser levados em conta para uma produção textual eficiente, como a ordenação das ideias, com a articulação congruente de orações, considerando inclusive a ordem delas no enunciado, de acordo com a intencionalidade de quem escreve, para que a expressão do pensamento se estruture com a necessária coerência e adequação.

A língua, como um sistema de possibilidades, oferece diversos modos de expressar uma mesma ideia. Cabe ao professor ir apresentando aos alunos os variados recursos linguísticos que os jovens têm à disposição para manifestar a opinião deles, recorrendo a construções sintáticas diferentes, com base também nos próprios discursos elaborados pelos discentes. Dessa maneira, não ficará o docente preso a um quadro taxionômico pronto, esquematizado, repetido, "decorado". Ao contrário, livre, estará em condições de mostrar domínio de estruturas diversas, para a escolha da mais adequada para certo momento discursivo. Assim, é possível passar para os estudantes que a ideia de oposição ou contraste pode ser expressa utilizando-se de orações funcionalmente equivalentes: "Estudou muito, mas não logrou aprovação" e "Estudou muito e não logrou aprovação", ou ainda de orações subordinadas: "Embora tenha estudado muito, não logrou aprovação." Coordenar (equiparar) ou subordinar (hierarquizar) obedece a intentos manifestativos distintos, que devem ser observados pelo professor, como leitor experiente, que se espera que ele seja. Nos exemplos acima de que se valeu, a ideia de oposição ou contraste poderá ser, então, apresentada como equivalente a outra ou como subordinada a outra.

A opção pela subordinação comporta uma gama variada de construções sintáticas. Desta forma, poderíamos escolher outras estruturas, além da exemplificada no parágrafo anterior, para traduzir a ideia de concessão, que se situa no campo semântico da oposição: "Mesmo estudando muito, não logrou aprovação", "Apesar de ter estudado muito, não logrou aprovação",

"Por mais que tenha estudado muito, não logrou aprovação". Evidentemente que se pode estabelecer a ideia de oposição ou contraste, recorrendo a uma locução prepositiva, integrante de um adjunto adverbial, em um período simples: "Apesar de muito estudo, não logrou aprovação."

O estudante, desse modo, sem fazer uso da nomenclatura como um fim, vale-se da análise sintática, assimilando as diversas formas de expressão de uma mesma ideia, de acordo com a concepção de que ensinar uma língua é, afinal, ensinar novos modos de dizer, de manifestar linguisticamente um mesmo pensamento, utilizando-se de meios nem sempre permutáveis, como no caso da noção de tempo, quando expressa por uma oração subordinada com conector. A noção de tempo pode traduzir sentidos específicos distintos, de sorte que o emprego de conectores, palavras ou locuções conjuntivas subordinativas não é aleatório, já que corresponde, no campo da semântica do tempo, a acepções textuais bem delimitadas: "Antes que eu tivesse saído, ela chegou" (tempo anterior); "Assim que saí, começou a chover" (tempo posterior); "Estudava eu à noite, enquanto lá fora ventava muito" (tempo concomitante); "Até quando abusarão de nossa paciência?" (tempo terminal); "Desde que pedi silêncio aos alunos, fui atendido" (tempo inicial); "Sempre que lhe solicito algum favor, sou logo atendido" (tempo reiterado).

No ensino da análise sintática, não se pode desconsiderar, no tocante à organização de períodos, o paralelismo gramatical ou a simetria de construção (Garcia, 1967: 25-33). Na verdade, trata-se de um recurso muito corrente na língua: a ideias similares devem corresponder expressões similares. Tal paralelismo pode manifestar-se a partir da estrutura de uma oração, como no primeiro exemplo: "Abraçou-a *com saudade e com ternura*"; "Não saí *porque chovia e porque me encontrava cansado*"; ou "É conveniente *saber a verdade e tentar solucionar o problema*".

Garcia (1967: 25) pondera, com razão, que o paralelismo não constitui uma norma rígida, sua ausência "não invalida a construção da frase", em alguns casos, conforme se pode atestar em passagens textuais de vários escritores, como no seguinte trecho, citado por ele, de Carlos de Laet: "Estamos ameaçados de um livro terrível e que pode lançar o desespêro nas fileiras literárias." Percebe-se, neste trecho, que os dois adjuntos de "livro" – o adjetivo *terrível* e a oração de valor adjetivo "que pode lançar..." – aparecem coordenados pelo "e", sem terem estrutura gramatical idêntica. Faz ver Garcia que "Isso não impede que a construção seja vernácula, inatacável, embora talvez fôsse preferível tornar os dois adjuntos paralelos" ["Estamos ameaçados de um livro que é terrível e (que) pode lançar..." ou "Estamos ameaçados de um livro terrível e capaz de lançar..."]; e conclui: "o paralelismo parece, do ponto de vista estilístico, mais aceitável" (p. 26).

Nos autores contemporâneos, é frequente a não utilização do paralelismo gramatical, como nas ocorrências: "É um traje extraordinariamente *romântico e que no corpo* de um homem alto e delgado, faz milagre" (Rachel de Queiroz, *in* Santos, 2007: 121); "Evito ser muito minuciosa *para reduzir a margem de erros e porque também as versões* que guardo dos fatos narrados *são em si contraditórias*" (Nélida Pinõn, 2009: 7).

No ensino de língua, os professores devem ir orientando seus alunos para, aos poucos, descobrirem o valor expressivo do paralelismo das estruturas coordenadas mais complexas, sem vincular, contudo, sua ausência à incorreção.

Fundamental, para isso, é a compreensão da equivalência funcional entre palavras e entre orações, que se manifesta nas ocorrências corriqueiras como "Pedro e Maria foram ao cinema" ou "Pedro repousava, e Maria meditava". O trabalho com a linguagem se faz, então, mais do que necessário, para a formação de leitores e produtores textuais competentes.

Na observação das estruturas sintagmáticas, o professor deve ir apontando, uma vez abordadas as ocorrências corriqueiras mencionadas no parágrafo anterior, com base em textos também dos estudantes, a falta de paralelismo mais elaborado em períodos como: "As duas moças, *apesar da diferença de idade e pelo grau de instrução*, eram muito amigas" ou "Eles se admiravam *com muita sinceridade e respeitosamente*". Deve comentar, nestes casos, como a simetria de construção se constitui em um recurso linguístico mais adequado, por tornar mais clara a relação sintático-semântica entre os termos: "As duas moças, *apesar da diferença de idade e (apesar) do grau de instrução...*" ou "Eles se admiravam *com sinceridade e com respeito*" (ou "Eles se admiravam *sincera e respeitosamente*"). Quanta prática com a linguagem pode ser desenvolvida na sala de aula! Como longe se está de um ensino proscritivo, direcionado pela preocupação de os alunos não cometerem erros ao escreverem! O professor, em trabalho com a linguagem, destacará períodos compostos, em que o paralelismo exija maior domínio das construções idiomáticas, como nos seguintes, em que o produtor textual parece carecer deste domínio: "Fiquei decepcionado *com a avaliação do professor e quando ele a comentou* com a turma"; "Viajei *com meus filhos e revisitando* lugares da minha infância"; "Não vinham os parlamentares ao encontro *com espírito aberto, quer dizer, a fim de ouvirem* as reivindicações daquela comunidade"; "Não sei *qual seja o nível de competência dele ou se suas obras* gozam de prestígio acadêmico".

Pôde-se, neste capítulo, mostrar, com abundância de exemplos, como a prática da análise sintática, bem-orientada, contribui efetivamente para uma melhor percepção da organização de períodos, associada à produção de determinado sentido.

Em todas as ocorrências textuais focalizadas neste livro, com propósitos distintos (como a intenção de destacar a opção entre coordenação e subordinação, a escolha da oração principal, as formas diversas de expressar a mesma ideia, o recurso mais elaborado do paralelismo gramatical ou simetria de construção), sempre se trabalhou fundamentalmente com a linguagem, este agir livre e finalístico, e não com a metalinguagem, muito menos com sua memorização, recurso não recomendado para a aquisição de um "saber de experiência feito".

3.3. Do valor do emprego da vírgula no ensino da análise sintática

O emprego dos sinais de pontuação, de modo especial o da vírgula, se tem mostrado, no ensino da língua, muito improdutivo, haja vista os textos dos estudantes, mesmo os daqueles que tentam ingressar em um curso superior. E acrescentemos: até os de muitos que frequentam o curso de Letras.

Na verdade, é comum o ensino do emprego da vírgula se processar, antes de mais nada, proscritivamente. O professor diz muitas vezes aos alunos quando da correção dos textos por eles produzidos: "*não* se separa, por vírgula, o sujeito do predicado, o verbo de um complemento seu" (negativas também habituais ocorrem, por exemplo, no ensino do sinal indicativo de crase: "*não* deve ser utilizado antes de um nome masculino, antes de uma forma verbal..."). E, em geral, o discente não sabe justificar o porquê de tais impedimentos, pois fazem parte de uma prática de ensino gramatical mecanizada, com ênfase no que *não* se deve empregar, prática que se tem procurado combater nesta obra.

Ao lado das proscrições, há as prescrições, as regras a serem adotadas, sem a necessária prática com a linguagem: a vírgula deve ser usada para separar as orações coordenadas assindéticas, as reduzidas, as adjetivas explicativas... Os exemplos selecionados pelas gramáticas, colhidos, em sua maioria, na língua literária, nem sempre são de compreensão acessível a um leitor médio, como se observa no seguinte período ilustrativo na prescrição do uso da vírgula nas orações reduzidas de gerúndio:

> Lentamente, a neblina opaca flutua,
> *Diluindo, evaporando* os montes de granito,
> Em colossos de sonho, extasiados de lua...
> (Guerra Junqueira)

As gramáticas oferecem, então, modelos prescritivos, dando a impressão de que o emprego da vírgula já está pré-fixado para tais e tais ocorrências.

Em geral, os gramáticos relacionam o uso deste sinal de pontuação a uma pausa de pequena duração, com algumas exceções como Melo (1968) e Bechara (1999). O que, na verdade, é uma contradição, pois o conceito de pausa pertence ao domínio da modalidade oral, enquanto a pontuação reporta-se ao campo da modalidade escrita.

Registram também as gramáticas que a vírgula serve simplesmente para separar certos tipos de oração, elementos com a mesma função sintática, o vocativo... Mattoso Câmara (1993: 75), em obra cuja primeira edição é de 1961, já salientava que ela expressa menos as pausas naturais da correspondente enunciação oral, do que as relações no interior dos períodos.

Conforme se viu, na primeira parte desta obra, quando foram examinados alguns manuais de análise sintática, pouco se cogita sobre o emprego da vírgula, salvo o de Bechara (1961), para regular seu uso em certas construções (na omissão do verbo, no sujeito composto, nos objetos pleonásticos, no aposto) e sobretudo o de Garcia (1967), que, em relação a alguns exemplos, mormente de textos literários, chega, pioneiramente, a esboçar que a utilização da vírgula é uma operação enunciativa de produção de sentido (valendo-me de uma metalinguagem de hoje) e, por isso, não sujeita a normas de aplicação obrigatória.

A propósito do período "O céu se derrama em estrêlas, a noite é morna, o desejo sobe da terra em ondas de calor" (Jorge Amado), comenta:

> ... as orações estão separadas por vírgula, inclusive as duas últimas, *com que o autor parece insinuar que não arrolou todos os aspectos do quadro descrito, deixando a série como que aberta, em virtude da omissão de um e entre as duas últimas orações*. (Garcia, 1978: 24) (grifamos)

Analisando este outro trecho de José de Alencar: "O grito da gaivota terceira vez ressoa o seu ouvido; vai direito ao lugar de onde partiu; chega à borda de um tanque; seu olhar investiga a escuridão, e nada vê do que busca", observa:

> ... as unidades estão separadas por ponto-e-vírgula, salvo as duas últimas, que vêm ligadas pela conjunção "e", *com o qual o autor parece "fechar a série", como tivesse enumerado todos os detalhes dignos de menção.* (Garcia, *id.*, 24)

Faltou apenas a Garcia comentar o emprego da vírgula antes do *e*, emprego que só serve para reforçar o intento enunciativo captado por ele no trecho de Alencar, pois ela separa, isola, da sequência enumerativa, o segmento "nada vê do que busca", colocado, assim, em maior relevo, para "fechar a série".

Parece-nos que Garcia ensaia, com efeito, os primeiros passos para uma fundamentação mais consistente do emprego da vírgula, que não se restringiria a separar unidades textuais: sua utilização deve ser explicada em consonância com o propósito enunciativo do autor de produzir determinado sentido no discurso. Muitos anos depois, Dahlet (2006: 141-154), por exemplo, fixaria mais claramente, com base em um aparato teórico amplo, esta função da vírgula: constituir agrupamentos sintático-semânticos, ou, mais precisamente, segmentar a cadeia escrita em uma operação enunciativa de produção de sentido.

Não se está advogando que o emprego da vírgula escape a normas, mas que estas decorrem essencialmente não da realização modelo da língua, proposta pelas gramáticas, sem apresentarem uma explicação; decorrem, na verdade, do próprio ato de comunicação em que este sinal de pontuação se insere, da operação enunciativa que liga enunciador e enunciatário. A pontuação, como um problema textual, não é propícia a normas obrigatórias, mas, por princípio, a normas adequadas a ocorrências discursivas concretas.

Dahlet (2006: 23), em obra que focaliza usos e significações dos sinais de pontuação, esclarece:

> ... a pontuação se situa do lado da escrita e da leitura, isto é, da produção e da recepção do sentido, operando em conjunto para aperfeiçoar a legibilidade e a interpretação.

Então, se a análise sintática, como já se fez ver, é uma espécie de *operação de desmontagem do sentido construída em um texto*, certamente a pontuação será de valia para sua prática, não podendo deixar de lado a contribuição, especialmente da vírgula, nessa operação.

A vírgula, portanto, é um sinal de pontuação com função predominantemente sintática, porque delimita a linearidade da escrita, através de segmentações, com o sentido sendo construído de acordo com os recortes feitos, denunciadores de uma dimensão enunciativa. Daí ser considerada um operador sintático e semântico (Dahlet, 2006: *passim*).

O valor sintático-semântico da vírgula é melhor compreendido nos enunciados "homônimos", num jogo de ocorrência/não ocorrência dela (Dahlet: 143-144):

1. Flamengo reage!
2. Flamengo, reage!

No enunciado 1, sem vírgula a separar os dois termos da oração, Flamengo é o sujeito, o que não acontece com o enunciado 2, com a presença do sinal de pontuação entre os mesmos dois termos; neste, Flamengo já não é mais sujeito, e sim vocativo. De modo que a forma verbal *reage*, que era do presente do indicativo, passa a ser interpretada como de imperativo. Pode-se, então, afirmar que 1 registra um fato atual (o Flamengo está mesmo reagindo), ao passo que 2 registra um fato potencial, desejável.

O valor da vírgula em operação enunciativa produtora de sentido é explicitado claramente também em: só ela resolve tudo / só, ela resolve tudo. A pontuação, como se observa, muda a classe da palavra *só*. Esta unidade sígnica, não seguida de vírgula, afeta o pronome *ela*, como marcador de foco, denotando exclusão: *só ela* (somente). Seguida de vírgula, ela passa a ser um adjetivo portador de outro sentido (sozinha); "libertando-se" do pronome *ela*, refere-se à totalidade do enunciado, daí poder deslocar-se, por exemplo, para o fim da oração: "Ela resolve tudo só."

Nesses dois exemplos, a vírgula reorganiza a sequência do enunciado e, portanto, o sentido, demonstrando a dupla sintagmática instaurada (Dahlet: 114).

No período "Quando cheguei à noite, estava em cima do carro" (Otto Lara Rezende, *in* Santos: 295), a pontuação separa segmentos (orações) de função gramatical distinta (para Dahlet: 152, um "sinal relacional de hierarquização"). Nos textos literários, é bastante frequente a não separação da oração adverbial anteposta à sua principal, contrariando o que normalmente recomendam os gramáticos: "Quando foi de tardinha escutei um canto de flauta..." (Mário de Andrade, *in* Santos: 78). Apenas o conector subordinativo *quando* estabelece o vínculo sintático-semântico entre as duas orações. Como Andrade, outros escritores não sentem a necessidade de se valer da vírgula para separar a oração adverbial, uma vez que, na subordinação, de fato, o enlace entre as orações (principal + subordinada ou subordinada + principal) é muito mais estreito do que na coordenação, particularmente em enunciados mais curtos. Deste modo, não há obrigatoriedade do emprego da vírgula como sinal de hierarquização. Não sem razão, por conseguinte, as orações subordinadas, sob a forma de reduzidas, costumam vir separadas por vírgula, como, aliás, preconizam as gramáticas, já que nelas não aparece o conector, como podemos ver no seguinte exemplo: "Passado um quarto de século, considero-me desobrigado do compromisso." (Carlos Drummond de Andrade, *in* Santos: 112).

Pode (e não deve!) ainda a vírgula separar para reforçar o recurso do deslocamento de segmentos frasais em relação à ordem canônica[4], recurso que já tem a função de realçar um termo sintático na estruturação de um enunciado, como vemos em Luis Fernando Veríssimo: "No caminho para Teresópolis, discutimos o caso" (*in* Santos: 275) e "Na volta para o Rio, ela não disse nada" (p. 235).

Como se depreende, o emprego da vírgula como operador sintático e semântico de "alta potência" se apresenta como sinal tensivo, por colocar o sentido em espera, em expectativa (Dahlet: 142 e 148). Tal entendimento se afasta, e muito, do preconizado pelo nosso ensino de língua, com suas proscrições e prescrições rígidas, com seu reducionismo descritivo. Deve-se ter, então, um outro caminho que valorize efetivamente a sua função no ensino da análise sintática, pelo relevo que este sinal de pontuação adquire quanto à organização textual e à produção de sentido. De sorte que a vírgula deixa de ser um mero sinal para indicar uma pausa de curta duração ou um tipo de pontuação que apenas separa segmentos, para ser considerada um importante recurso partícipe de uma operação enunciativa, ou seja, de um ato criativo da linguagem.

Recorde-se de que a enunciação é o ato individual da utilização da língua, enquanto o enunciado é o resultado, ou produto, deste ato; vale dizer, é o ato de criação do sujeito falante, constituindo-se através do conjunto de fatores que provoca a produção de um enunciado. Como lembra Dubois *et alii* (1973: 192), *enunciação* se opõe a *enunciado*, como *fabricação*, a objeto *fabricado*.

O ensino da pontuação tem de sofrer mudanças, ficar menos preso à normatização, e direcionar-se aos seus usos e significações em ocorrências textuais diversificadas.

---

4 É frequente, de há muito, na linguística contemporânea, falar-se em topicalização em casos tais, quando um constituinte frasal se desloca para a frente do enunciado (cf. Trask, 2004:295).

Na estrutura oracional, o professor deve ressaltar, de acordo com o nível de escolaridade de seus alunos evidentemente, certas construções sintáticas em que se queira dar uma ênfase especial à ideia expressa por determinado termo, discutindo a utilização da vírgula em tais ocorrências. Tomando como base dois trechos de Rubem Braga: "Sentíamos, lá fora, o emissário do inimigo" (*in* Santos: 129) e "De minha varanda vejo, entre árvores e telhados, o mar" (*id.*), o professor começaria por fazer os alunos observarem que, no primeiro texto, "lá fora" poderia ser escrito sem vírgulas, mas o cronista, ao delas se utilizar, em seu intento enunciativo, realçou, pela separação, a expressão com valor circunstancial de lugar, destacando o seu sentido, opondo, certamente, dois espaços: o de dentro, em que se põe o enunciador, e de fora, integrante também da situação narrada. No segundo, o professor mostraria que o narrador, para pôr em relevo "entre árvores e telhados", posiciona esta expressão entre o verbo e o objeto direto, interrompendo, deste modo, a linearidade da cadeia sintática esperada. Se Braga tivesse optado pela chamada ordem direta – "Vejo o mar de minha varanda entre árvores e telhados" –, o intento enunciativo, sem dúvida, seria outro, com a geração de outro sentido.

Procedendo desta maneira, o professor estará bem longe da tradição de um ensino de sintaxe que comumente se limita a exigir dos estudantes a classificação sintática de "lá fora" e de "entre árvores e telhados", identificando-os como adjuntos adverbiais, sem se preocupar com o uso da pontuação e sua significação, ou mesmo com a colocação dos termos na oração. Ao reconhecer que a vírgula é um operador ao mesmo tempo sintático e semântico, o estudo da pontuação sofrerá uma salutar mudança. Uma abordagem que desconsidera a importância da função da pontuação na organização e compreensão dos trechos de Braga, por exemplo, é extremamente reducionista.

A antecipação do adjunto adverbial para o início do enunciado é outro recurso que merece um exame mais detalhado; senão vejamos: "A caminho de casa, entro num botequim da Gávea" (Fernando Sabino, *in* Santos: 188). Confronte-se tal estrutura idiomática com esta outra: "Entro num botequim da Gávea a caminho de casa." Na segunda estrutura, o adjunto adverbial tem seu valor de realce (presente na anterior) esvaziado: a intenção enunciativa e a compreensão de ambas as orações são distintas. Em outro exemplo: "Ao fundo do botequim, um casal de pretos acaba de sentar-se" (*id.*), o cenário da situação descrita alcança um inegável relevo, não só com a antecipação do adjunto adverbial, mas também com o emprego segmentador da vírgula.

Quando o adjunto adverbial é mais extenso e aparece na posição inicial, é mais frequente vir seguido de vírgula a destacá-lo da estrutura oracional: "Diante de minha muda interrogação, ele resolve explicar-se..." (Mario Quintana, 2006: 204). Nesta ocorrência, a segmentação virgular cria uma expectativa, em relação ao que, afinal, tem maior peso informacional: "ele resolveu explicar-se."

Certamente, por expressar circunstâncias, entendidas como todos os elementos acidentais de um ato, no caso verbal, o adjunto adverbial é a função (mesmo sob forma oracional, conforme se constatará mais adiante) que mais se presta ao emprego da vírgula, sempre na dependência da finalidade enunciativa de quem escreve. Tais adjuntos são, portanto, na estruturação do período (simples ou composto), o termo que evidencia com maior propriedade a função de marcador sintático e semântico da vírgula no texto.

Observem-se, a seguir, algumas ocorrências que mostram a flutuação da pontuação do adjunto adverbial, selecionadas em Santos (2007), com estruturas, em exemplos vizinhos, análogas, quer pela sua colocação na oração, quer pela sua extensão: "Eu fui um dos machos, *naturalmente*" (João Ubaldo Ribeiro: 238); "... eu mastigava obedientemente" (Clarice Lispector: 224). Nestes dois curtos trechos, as palavras com o sufixo *-mente*, em final de oração, traduzem apreciações do narrador sobre o conteúdo das orações, apreciações que podem ser colocadas em relevo ou não, com reflexo no emprego segmentador da vírgula.

Ocorrências de outros adjuntos adverbiais, em diferentes posições e com variável extensão, ora separados por vírgula, ora não: "*A propósito*, o senhor não conhece ninguém nas altas esferas?" (Moacyr Scliar: 248); "*Afinal* essas coisas só têm valor..." (*id., ib.*); "*À véspera da partida*, nossa amiga levou-nos a jantar..." (Carlos Drummond de Andrade: 113); "*Com o passar dos anos* a idéia foi abandonada." (Ferreira Gullar: 279); "Resolvi, pois, telefonar para a secretaria da Faculdade de Medicina, *na manhã seguinte*." (Carlos Drummond de Andrade: 139); "Lá teremos o nosso bangalô *ao pé do templo de Zoroastro*." (Mario de Andrade: 78-79); "Levei-a, *em meus braços*, apoiada no meu peito." (Carlos Heitor Cony: 272); "Tenho *na sacristia* algumas preciosidades." (Lygia Fagundes Teles: 246).

É interessante observar que mesmo os adjuntos adverbiais mais extensos e em início de oração podem aparecer sem a vírgula, como no exemplo citado de Ferreira Gullar.

O predicativo é outra função que ganha força expressiva pela antecipação ao sujeito e pelo emprego segmentador da vírgula, como no exemplo já mencionado e comentado nesta obra (p. 99): "Na verdade, é uma graça, o meu passarinho perneta."

Nos apostos, a presença da vírgula é também frequente em ocorrências como estas: "*Quase analfabeto*, vivera graduado com a turma dos intelectuais da Colombo." (Arnaldo Jabor: 322); "*Solícito e trêmulo*, foi-me mostrando os pequenos tesouros de sua igreja." (Lygia Fagundes Teles: 246).[5]

O aposto pode ser ainda realçado pela sua posição em final de oração e pela vírgula: "A mãe limita-se a ficar olhando, *imóvel, vagamente ansiosa*" (Fernando Sabino: 189). Com outra estruturação, os termos "imóvel" e "vagamente ansiosa" não têm

---

[5] Kury (1963: 48) chama tais apostos de predicativos ou atributivos. Esta preocupação metalinguística, louvável, no caso de um autor de manual de análise sintática, não deve merecer atenção prioritária no ensino.

a mesma expressividade: "A mãe, imóvel e vagamente ansiosa, limita-se a ficar olhando."

Pode-se usar também a vírgula para realçar o objeto (no caso indireto) em enunciados como: "Entregou, *para mim*, o livro", tornando evidente o intento de se querer destacar na mensagem que o livro não foi entregue a qualquer outra pessoa, e sim, ao enunciador.

Outro termo que também pode ser destacado, pela posição e pela vírgula na oração, é o sujeito: "Tinha mania de perfeição, *o nosso homem.*" (Fernando Sabino: 135).

Na estruturação do período composto, são as orações subordinadas com função adverbial as que mais se prestam ao jogo do emprego da vírgula, segundo a finalidade enunciativa de quem escreve. As gramáticas mencionam tais orações, conforme já se disse, entre aquelas em que é de norma a utilização da vírgula, "principalmente antepostas à principal".

O que se deve indagar é por que as orações adverbiais habitualmente aparecem segmentadas pela vírgula nos enunciados. Nelas, na verdade, o nexo com a principal é menos estreito do que nas substantivas (os conectores que as introduzem são chamados de *integrantes*) e nas adjetivas restritivas: Convém que estudem; Não sei se é verdade; Preciso de que seja mais explícito; Tenho certeza de que irá ao casamento; O provável é que viajem amanhã; Há palavras que não se esquecem. Observemos, agora, o nexo com as adverbiais: Ainda que se tenha desculpado, fiquei magoado; Enquanto eu pesquisava, certos conceitos se tornaram mais consistentes; Nada lhe pesava na consciência, porque tinha dito a verdade; Muito me esforcei, para que tudo ficasse esclarecido; Se for domingo à praia, terá a minha companhia; Ele sempre procede educamente, como você sabe; A angústia do povo crescia, à medida que a taxa de desemprego aumentava; Não podia olhar para ele, sem que me pusesse a rir.

O nexo das subordinadas substantivas e das adjetivas restritivas com as suas principais é tão estreito pelas próprias funções exercidas por estas orações (sujeito, objeto direto ou indireto, complemento nominal, adjunto adnominal...). A relação de hierarquização é marcada apenas pelo termo conector. O mesmo não ocorre com as adverbiais, na sua função de modificadoras circunstanciais da forma verbal da oração principal. Há, inegavelmente, nas orações adverbiais, uma relação menos, diríamos, estreita, com as principais, como os exemplos acima atestam; por isso o recurso à vírgula para, ao lado do conector, representar também um sinal de hierarquização. O produtor textual pode julgá-la necessária, ou não, no reforçar o nexo subordinativo interoracional.

Encontra-se documentado um número bem razoável de ocorrências de orações adverbiais não segmentadas pela vírgula, antes ou depois das principais, em textos de autores contemporâneos, como em [Santos (2006)]: "Isso me aconteceu tantas vezes que passei a me considerar modestamente a escolhida das flores." (Clarice Lispector: 186); "Acompanho seu esforço solitário como se ele estivesse cumprindo uma bela missão." (Rubem Braga: 110); "Dois núcleos numa só membrana até que a morte nos separasse." (Vinicius de Moraes: 208); "Quando foi de tardinha escutei um canto de flauta..." (Mario de Andrade: 78).

Sabe-se que, mesmo nas orações substantivas, quando a finalidade enunciativa for a de realçar o sentido da oração, a vírgula costuma ocorrer, como nestes dois exemplos de discurso direto, de Clarice Lispector, citados por Uchôa (2008: 111): "– Ela é burrinha, comentou o menino" e "– Sei disso, respondi um pouco trágica". A inversão da oração subordinada, iniciando o período, sem conector, evidentemente como que afrouxa o elo subordinativo entre as orações, ficando, então, a vírgula como o marcador sintático responsável por tal elo.

Por julgarmos que não só o emprego da vírgula, como da pontuação em geral, carece de novas abordagens, com inevitáveis reflexos sobre o estudo e o ensino da análise sintática, cabe aqui, e por fim, reproduzir um último exemplo do valor da vírgula (decerto o sinal de pontuação sintaticamente mais importante), e também do travessão, simples ou duplo, na organização de períodos, pela formação de agrupamentos sintático-semânticos. Valemo-nos de certo trecho de uma das crônicas do jornalista esportivo Fernando Calazans, publicada em sua coluna de *O Globo*:

> Neste novo século, os técnicos europeus – pelo menos os mais esclarecidos, os de melhor gosto e sofisticação – querem passar uma borracha nesse passado recente tão obscurantista para o futebol. Os principais clubes europeus, os mais fortes, os de maior destaque – pelo menos estes estão fazendo questão de escalar no meio de campo jogadores que saibam jogar. O cabeça-de-área, quando existe, é um só, e olhe lá.

Na estruturação deste trecho da crônica, o autor, além do ponto, que serve para separar totalizações inferenciais, vale-se da vírgula e do travessão. Recorre àquela para separar: um adjunto adverbial no início do primeiro período, com o fim de realçar a ideia nele contida; termos de função equivalente ("os mais esclarecidos, os de melhor gosto" ou "os mais fortes, os de maior destaque"); os apostos ("Os principais clubes europeus, os mais fortes, os de maior destaque", num processo de correferência); um adjunto adverbial de forma oracional ("quando existe"), com a finalidade de realçá-lo, antecipado à forma verbal *é* da oração principal; e uma oração coordenada, com o conector *e*, o que vai conferir a "e olhe lá" (expressão bem coloquial) um sentido mais intensificador em relação a "um só" (como se o cronista dissesse: "O cabeça-de-área é um só, e se deem por satisfeitos").

Recorre ao travessão, simples ou duplo, com o objetivo de suplementar a informação, chegando a conferir à frase parentética ("pelo menos estes estão fazendo questão de escalar no meio do campo jogadores que saibam jogar") um peso informacional superior mesmo ao do enunciado base ("Os principais clubes europeus, os mais fortes, os de maior destaque"). Por isso, este segmento ocorrente entre travessões gozar de uma maior autonomia sintática e semântica.

Pensamos, com mais este exemplo final, ter suficientemente elucidado o importante papel desempenhado pela vírgula na organização dos períodos, na sua função de operador sintático e semântico. Procuramos, assim, frisar, no redirecionamento de uma análise sintática mais refletida, a importância que o uso sobretudo deste sinal de pontuação assume na construção textual, com a formação de agrupamentos sintático-semânticos. É essencial deixar bem claro que esta obra, em nenhum momento, teve o propósito de sistematizar o ensino desta parte da sintaxe, seja ao tratar das funções sintáticas, seja ao estudar as orações, seja, por fim, ao discutir o valor do emprego da vírgula.

Defendeu-se, neste livro, um ensino de análise sintática que não se restrinja a nomear, por exemplo, as orações em coordenada sindética aditiva ou em subordinada adverbial de tempo, ou a classificar um termo como adjunto adverbial, aposto... Propõe-se ainda o estudo dos usos e significações dos sinais de pontuação, especialmente o da vírgula, trilhando sempre um caminho bem distante do da análise sintática mecanizada, que não comportaria tal estudo.

Acreditamos que o redirecionamento fundamental a ser adotado, no tocante ao ensino da língua em geral, e, particularmente, no tocante ao ensino da análise sintática, é o trabalho a ser desenvolvido com a linguagem, e não com a metalinguagem, a prática constante com novos modos ou estratégias de dizer, orientação seguramente mais produtiva para a formação de leitores e produtores textuais proficientes.

PARA OUTRAS REFLEXÕES

- AZEREDO, José Carlos de. *Fundamentos de gramática do português*. Rio de Janeiro: Jorge Zahar, 2000.
  Obra de leitura útil, particularmente a relativa à sintaxe, a todo professor que queira aprofundar-se em reflexões que o campo da análise sintática comporta, no estudo das funções sintáticas e no da classificação das orações, "na compreensão do papel que os elementos e processos gramaticais desempenham na construção do sentido e na interação verbal".

- FRANCHI, Carlos; NEGRÃO, Esmeralda Vailati e MÜLLER, Ana Lúcia. Org. de Sírio Possenti. *Mas o que é mesmo "GRAMÁTICA"?* São Paulo: Parábola, 2006.
  Nesta obra organizada por Sírio Possenti, são reunidos alguns textos de Carlos Franchi, dois deles com a colaboração de Esmeralda Vailati Negrão e Ana Lúcia Müller. Ao todo quatro textos, sem dúvida, importantes para o professorado de Português, que neles encontrará reflexões lúcidas sobre o ensino da gramática, como a relação entre ela e o texto, e a valorização que deve ser dedicada ao componente semântico. Em suma, um livro que abre novos caminhos para se poder chegar à prática de um ensino gramatical, e também, pois, da análise sintática, mais fundamentado e, seguramente, mais instigante.

- GARCIA, Othon Moacir. *Comunicação em prosa moderna*: aprenda a escrever, aprendendo a pensar. Rio de Janeiro: Fundação Getúlio Vargas, 1967.
  Esta obra, que tem alcançado sucessivas edições e de que ainda hoje se valem ainda muitos estudiosos da língua, dedica toda sua primeira parte ao estudo da frase, quando são focalizados tópicos fundamentais para o estudo e o ensino da análise

sintática, com alguns posicionamentos pioneiros entre nós, como os relativos à organização do período e à indicação das circunstâncias. Há, ao final, a proposição de úteis exercícios.

- HAUY, Amim B. *Da necessidade de uma gramática-padrão da língua portuguesa*. São Paulo: Ática, 1983.
  Obra de crítica à gramática tradicional e, pois, ao ensino da análise sintática, pelas suas falsas definições, pela má exemplificação no estudo do período e da oração e, por fim, pela diversidade de conceituação e a multiplicidade de análise, no estudo também do período e da oração.

- NEVES, Maria Helena de Moura. *Gramática de usos do português*. São Paulo: UNESP, 2000.
  Esta obra, com uma base de dados de 70 milhões de ocorrências em textos escritos de diferentes gêneros, se mostra útil no ensino da análise sintática, sobretudo na documentação que apresenta das construções e dos valores semânticos das conjunções coordenativas e das conjunções subordinativas adverbiais, além da exemplificação variada das preposições como introdutoras de argumentos.

- PERINI, Mário A. *Para uma nova gramática do português*. São Paulo: Ática, 1985.
  Obra que procura, acima de tudo, mostrar a inconsistência teórica da chamada gramática tradicional, atendo-se a alguns assuntos. Em cada caso, parte de uma crítica da posição tradicional para, a seguir, propor linhas gerais de uma solução. Evidentemente que a análise sintática não deixa de ser focalizada em alguns exemplos conceituais, a começar pela definição de "sujeito".

- UCHÔA, Carlos Eduardo Falcão. *O ensino da gramática*: caminhos e descaminhos. Rio de Janeiro: Lucerna, 2007.

Obra que intenta redirecionar o ensino da gramática, a fim de que ela possa realmente constituir-se em um meio efetivo para a ampliação dos recursos idiomáticos com vista a uma maior eficácia nas atividades de compreensão e produção textual. No estudo dos três planos da gramática (o da teoria, o da descrição e o da análise) e o ensino, algumas páginas são dedicadas à análise sintática e sua aprendizagem.

REFERÊNCIAS BIBLIOGRÁFICAS

ALI, Said. *Dificuldades da língua portuguesa*: estudos e observações. 5ª edição. Rio de Janeiro: Acadêmica, 1957.

ASSIS, Machado. *Dom Casmurro*. Apuração de texto, revisão, introdução e notas por Maximiano de Carvalho e Silva. São Paulo: Melhoramentos, 1966.

AZEREDO, José Carlos de. *Iniciação à sintaxe do português*. Rio de Janeiro: Jorge Zahar, 1990.

______. *Fundamentos de gramática do português*. Rio de Janeiro: Jorge Zahar, 2000.

______. *Ensino de Português*: fundamentos, percursos e objetos. Rio de Janeiro: Jorge Zahar, 2007.

BARRETO, Fausto e LAET, Carlos de. *Antologia nacional*. 29ª edição. Rio de Janeiro, São Paulo, Belo Horizonte: Livraria Francisco Alves, 1951.

BECHARA, Evanildo. *Estudo sobre os meios de expressão do pensamento concessivo em Português*. Rio de Janeiro, 1954.

______. *Lições de português pela análise sintática*. 10ª ed. revista. Rio de Janeiro: Grifo, 1976. A 1ª ed. é de 1960.

______. *Moderna gramática portuguesa*. 37ª ed. revista e ampliada. Rio de Janeiro: Lucerna, 1999.

BITTENCOURT, Terezinha da Fonseca Passos. *Para o estudo das unidades sígnicas e dos processos sintagmáticos da língua portuguesa*. Instituto de Letras da UFF, 1988. Dissertação de Mestrado (mimeo.).

CÂMARA JR., Joaquim Mattoso. Nomenclatura gramatical. In: UCHÔA, Carlos Eduardo Falcão (org.). *Dispersos de J. Mattoso Câmara Jr.* Nova edição revista e ampliada. Rio de Janeiro: Lucerna, 2004, p. 101-112.

______. *Manual de expressão oral e escrita*. Rio de Janeiro: Ozon, 1961.

CARVALHO, José G. Herculano de. *Estudos lingüísticos*. 2º volume, Coimbra: Atlântida, 1969.

______. *Teoria da linguagem*. 6ª ed. Tomo I. Coimbra: Atlântida, 1983.

COSERIU, Eugenio. *Gramática, semántica, universales*. Madrid: Gredos, 1978.

______. *Lições de lingüística geral*. Tradução de Evanildo Bechara. Rio de Janeiro: Ao Livro Técnico, 1980.

______. *Competencia lingüística*: elementos de la teoría del hablar. Madrid: Gredos, 1992.

______. *Lingüística del texto*: introducción a la hermenéutica del sentido. Madrid: Arco/Libros, S.L., 2007.

CUNHA, Celso. *Gramática do português contemporâneo*. Belo Horizonte: Bernardo Álvares, 1969.

DAHLET, Véronique. *As (man)obras da pontuação*: usos e significações. São Paulo: Associação Editorial Humanitas, 2006.

DUBOIS, Jean et alii. *Dictionnaire de linguistique*. Paris: Larousse, 1973.

ELIA, Sílvio. *Ensaios de filologia e lingüística*. 2ª ed. refundida e aumentada. Rio de Janeiro: Grifo/MEC, 1975.

FONSECA, Rubem. *A confraria dos espadas*. (contos). São Paulo: Companhia das Letras, 1998.

FRANCHI, Carlos; NEGRÃO, Esmeralda Vailati e MÜLLER, Ana Lúcia. *Mas o que é mesmo "gramática"?* Org. de Sírio Possenti. São Paulo: Parábola, 2006.

GARCIA, Othon Moacir. *Comunicação em prosa moderna*: aprenda a escrever, aprendendo a pensar. Rio de Janeiro: Fundação Getúlio Vargas, 1967. Consultou-se também a 7ª edição, revista, atualizada e consideravelmente acrescida de novas informações (1978).

HAUY, Amini Boainain. *Da necessidade de uma gramática-padrão da língua portuguesa*. São Paulo: Ática, 1983.

HENRIQUES, Cláudio Cezar. *Sintaxe*: estudos descritivos da frase para o texto. Rio de Janeiro: Elsevier, 2008.

KOCH, Ingedore Villaça. *A coesão textual.* São Paulo: Contexto, 1989.

KURY, Adriano da Gama. *Lições de análise sintática* (teoria e prática). 2ª ed. melhorada e aumentada. Rio de Janeiro: Fundo de Cultura, 1963.

LIMA, Rocha. *Teoria da análise sintática.* 3ª ed. Rio de Janeiro: Acquarone-Cuñarro-Salaberry, 1956. A 1ª ed. é de 1943.

______. *Gramática normativa da língua portuguesa.* 31ª edição retocada e enriquecida. Rio de Janeiro: José Olympio, 1992.

MELO, Gladstone Chaves de. *Novo manual de análise sintática.* 3ª edição revista e aumentada. Rio de Janeiro: Acadêmica, 1967.

______. *Iniciação à filologia e à lingüística portuguesa.* 6ª ed. rev. e melhorada. Rio de Janeiro: Ao Livro Técnico, 1981.

NASCENTES, Antenor. *Método prático da análise lógica.* Rio de Janeiro: Drummond, 1920. A 19ª traz novo título: *Método prático de análise sintática*, 1959.

______. *Dificuldades da análise sintática.* Rio de Janeiro: Francisco Alves, 1959.

NEVES, Maria Helena de Moura. *Gramática na escola.* São Paulo: Contexto, 1990.

______. *Gramática de usos do português.* São Paulo: UNESP, 1999.

OITICICA, José. *Manual de análise* (léxica e sintática). 11ª edição refundida. Rio de Janeiro: Francisco Alves, 1955.

PÉCORA, Alcir. *Problemas de redação.* São Paulo: Martins Fontes, 1983.

PERINI, Mário A. *Para uma nova gramática do português.* São Paulo: Ática, 1985.

______. *Gramática descritiva do português.* São Paulo: Ática, 1995.

PICCARDO, Luis Juan. Gramática y enseñanza. *Anales del Instituto de Professores Artigas*: Montevideo, nº 1, año 1, 3-23, 1956.

PIÑON, Nélida. *Coração andarilho*. Rio de Janeiro: Record, 2009.

SANTOS, Joaquim Ferreira dos. (organização e introdução). *As cem melhores crônicas brasileiras*. Rio de Janeiro: Objetiva, 2007.

TESNIÈRE, Lucien. *Élements de syntaxe structurale*. Paris: Klincksieck, 1959.

TRASK, R.L. *Dicionário de linguagem e lingüística*. Tradução Rodolfo Ilari; revisão técnica Ingedore Koch, Thaïs Cristófaro Silva. São Paulo: Contexto, 2004.

UCHÔA, Carlos Eduardo Falcão. *O ensino da gramática*: caminhos e descaminhos. Rio de Janeiro: Lucerna, 2007.

________. *A linguagem*: teoria, ensino e historiografia. Rio de Janeiro: Nova Fronteira/Lucerna, 2008.

#LIN03559
Sobre o ensino da
análise sintática:
história e

CONSELHO EDITORIAL LUCERNA
Angela Paiva Dionisio
Carlos Eduardo Falcão Uchôa
Dino Fioravante Preti
Evanildo Cavalcante Bechara
Ingedore Grunfeld Villaça Koch
José Luiz Fiorin
Leonor Lopes Fávero
Luiz Carlos Travaglia
Neusa Maria de Oliveira Barbosa Bastos
Ricardo Stavola Cavaliere
Sueli Cristina Marquesi
Valter Kehdi

PRODUÇÃO EDITORIAL
Daniele Cajueiro
Shahira Mahmud
Claudia Ajuz

REVISÃO
Fatima Amendoeira Maciel

DIAGRAMAÇÃO
Filigrana

Este livro foi impresso no Rio de Janeiro, em 2013,
pela Edigráfica, para a Editora Nova Fronteira.
A fonte usada no miolo é Adobe Garamond Pro e Swis721
O papel do miolo é offset 75g/m², e o da capa é cartão 250g/m².